Luisa Hartmann

30 Mutmach-Geschichten

3-Minuten-Geschichten für den Morgenkreis

Verlag an der Ruhr

Impressum

Titel:	**30 Mutmach-Geschichten**
	3-Minuten-Geschichten für den Morgenkreis
Autorin:	Luisa Hartmann
Illustrationen:	Elisabeth Lottermoser
Umschlagfoto:	© Gerald Schilling – Fotolia.com
Druck:	Druckerei Uwe Nolte, Iserlohn
Verlag:	Verlag an der Ruhr

Verlag an der Ruhr
Alexanderstraße 54 – 45472 Mülheim an der Ruhr
Postfach 10 22 51 – 45422 Mülheim an der Ruhr
Tel.: 0208/439 54 50 – Fax: 0208/439 54 239
E-Mail: info@verlagruhr.de
www.verlagruhr.de

© **Verlag an der Ruhr 2009**
ISBN 978-3-8346-0485-9

geeignet für
die Altersstufe

4 5 6 7 8 9 10

Die Schreibweise der Texte folgt der neuesten Fassung
der Rechtschreibregeln – gültig seit August 2006.

Gedruckt auf chlorfrei gebleichtes Papier.

Wir sind seit 2008 ein ÖKOPROFIT®-Betrieb und setzen uns
damit aktiv für den Umweltschutz ein. Das ÖKOPROFIT®-
Projekt unterstützt Betriebe dabei, die Umwelt durch
nachhaltiges Wirtschaften zu entlasten.

Inhalt

Inhalt

Mutmach-Geschichten ab 9 Jahren

Oft ist es nicht leicht, die eigenen Bedürfnisse durchzusetzen und Ängste zu überwinden. Zu groß wirken oft die Widerstände – zu groß das Risiko, etwas zu verändern. Nur Mut! – diese **30 Mutmachgeschichten** sollen die jungen Zuhörer aufmuntern und ihnen vor Augen führen, dass jeder vor etwas Angst hat – schließlich ist **Angst haben gar nicht schlimm**, insbesondere, wenn man sich entschließt, etwas dagegen zu tun. Die mutigen Kinder in diesem Buch zeigen, wie es geht: Ob es nun um kleine „Überwindungen" geht, wie auf sich aufmerksam zu machen, oder „Meilensteine", wie die eigene Meinung gegen große Widerstände durchzusetzen. In jeder der 30 Kurzgeschichten wird eine andere Mutsituation beschrieben, in der **Kinder sich ein Herz fassen und über sich hinauswachsen**.

Treffen Sie sich mit den Kindern im Sitzkreis. Lesen Sie ihnen passend zu einer aktuellen Situation, oder je nach den Wünschen der Kinder, eine 3-Minuten-Mutmach-Geschichte vor.

Die Mutsituationen werden zunehmend komplexer und das Alter der Protagonisten steigt an, wobei die Altersangaben nur Empfehlungen darstellen. Entscheiden Sie je nach Entwicklungsstand und Interesse der Kinder, welche Mutmachgeschichte Sie ihnen vorlesen. Nutzen Sie die **Fragen am Ende der Texte**, um sich zu vergewissern, dass die Kinder die Geschichten verstanden haben, und um sie **zum Weiterdenken anzuregen**. Lassen Sie das Vorlesen der 3-Minuten-Geschichten zu einem wöchentlichen Ritual werden, das für alle Kinder **„mutmachende" Erfahrungen** schafft. Und nun wünsche ich Ihnen viel Spaß beim Vorlesen der Mutmach-Geschichten sowie interessante Diskussionen mit jederzeit selbstbewussten Kindern.

Luisa Hartmann

Wasser ist zum Schwimmen da

„**K**omm schon, ich fang dich auf", lockte Papa. „Es kann nichts passieren."

Ina stand am Beckenrand im Freibad und schüttelte den Kopf. Nein, sie würde auf keinen Fall ins Wasser springen – schon gar nicht ohne Schwimmflügel ins tiefe Wasser. Wenn Papa sie doch nicht auffing, dann ging sie unter und würde Wasser schlucken und womöglich keine Luft bekommen und …

Ein Schauder lief über Inas Körper. Ihr war kalt, obwohl die Sonne schön warm war.

„Okay, Süße, dann machen wir es anders." Papa schwamm zu den Stufen, die ins flachere Wasser führten. „Komm her", rief er und winkte Ina zu. Langsam lief Ina zu ihm hin.

Papa hielt ihr die Hand hin, aber sie zögerte.

„Schau mal", sagte Papa und zeigte auf ein Schild am Beckenrand.

Ina schaute mit kritischem Blick darauf. Obwohl sie erst in drei Wochen in die Schule kommen würde, konnte sie schon ein bisschen lesen: *80 cm* stand da. Darunter stand ein langes Wort. Von ihrem Papa wusste sie, dass es „Nichtschwimmerbecken" heißt. Ina war 1 Meter und 10 Zentimeter groß, das wusste sie auch. Genug, um im Wasser stehen zu können. Zögernd stieg sie die ersten, breiten Stufen hinunter. Papa wartete geduldig und hielt ihr seine Hand griffbereit hin.

„Was bist denn du für ein Baby?", rief da ein Junge, der mit kräftigen Zügen Richtung Treppe geschwommen kam. „Kannst wohl noch nicht schwimmen?" Ina stockte und verzog das Gesicht.

„Hör nicht auf ihn", sagte Papa. „Lass dir so viel Zeit, wie du willst." Ina war den Tränen nahe, aber sie biss die Zähne zusammen. Der Junge drängte an ihr vorbei aus dem Becken und schüttelte sich, sodass Ina dabei etwas nass wurde. *Der macht das sicher mit Absicht*, dachte Ina. Wie gemein. Sie steckte den rechten Fuß ins Wasser und war überrascht, wie warm es war.

„Na, wie ist das?", fragte Papa.

Ina zog eine Grimasse. „Geht schon", sagte sie leise.

Langsam tastete sich Ina die breite Treppe herunter.

„Na, jetzt hast du's bald geschafft", sagte Papa. „Noch ein kleiner Schritt, dann stehst du schon auf dem Beckenboden."

Ina wagte den letzten Schritt. Das Wasser reichte ihr bis zu den Schultern. Aber sie hielt den Kopf hoch erhoben.

Papa nahm ihre Hand und zog sie langsam von der Treppe weg. „Wir stehen sonst im Weg", erklärte er. Er schaute Ina fragend an. „Und, wollen wir es mal wagen?"

Ina nickte zögerlich. Alle um sie herum konnten schwimmen, keiner ging unter – es konnte doch nicht so schwer sein ohne Schwimmflügel. Sie ging ganz nah zu Papa, der sie unter dem Bauch stützte. „Lass den Kopf ruhig oben", sagte er und kippte sie nach vorne. Angst stieg in Ina hoch, aber sie schaffte es, einigermaßen ruhig zu bleiben. „Und jetzt die gleichen Bewegungen, die du mit den Schwimmflügeln auch machst", sagte Papa und kommandierte mit ruhiger Stimme: „Vor, zurück, vor, zurück."

Es dauerte eine Weile, bis Ina den Rhythmus fand, aber dann ging es ganz gut. „Nicht loslassen!", rief sie panisch, als Papa seinen Griff lockerte. „Ich lass nicht los, keine Angst", beruhigte er sie. Ina schwamm eine halbe Bahn mit Papa an ihrer Seite.

„Willst du es mal alleine versuchen?", fragte Papa. „Ich bin ganz nah bei dir und ich kann dich sofort halten, wenn etwas ist. Was meinst du?" Wieder zögerte Ina, nickte dann. „Ich nehme die Hände jetzt weg, okay?"

Ina nickte noch mal und machte wie vorher die Schwimmbewegungen. Und siehe da – es funktionierte! Sie schwamm – was für ein tolles Gefühl. „Papa, ich schwimme!", rief Ina aufgeregt. Dabei vergaß sie das Paddeln mit den Beinen und schwupps, war ihr Kopf unter Wasser. Hektisch strampelte sie herum, doch da fühlte sie wieder Papas starke Hand, der sie nach oben zog. Ina prustete und spuckte und schüttelte sich. Verwundert stellte sie fest, dass es gar nicht so schlimm gewesen war, obwohl sie ein wenig Wasser geschluckt hatte. „Noch mal", sagte sie unerschrocken und schaute Papa auffordernd an. Es wäre doch gelacht, wenn sie heute nicht schwimmen lernen würde!

● **Bis zu welchem Körperteil reichte Ina das Wasser im Nichtschwimmerbecken?**

● **Warum fiel es Ina so schwer, alleine ins Wasser zu gehen, obwohl sie die Schwimmbewegungen doch konnte? Was glaubst du?**

● **Kannst du dich noch an deine ersten Schwimmversuche erinnern? Hattest du auch Angst vor dem Wasser? Erzähle davon.**

Das Kletternetz

D er neue Abenteuerspielplatz war toll. Alle Kinder waren total begeistert, denn es gab schöne, neue Spielgeräte, auf denen man sich richtig austoben konnte. Das Beste war aber die riesige Netzlandschaft. Es gab ein waagerecht gespanntes Seilnetz, in das man sich fallen lassen konnte oder über das man wie ein Käfer krabbeln musste. Es gab aber auch ein senkrechtes Netz, an dem man hochklettern konnte. Die Jungs kletterten sofort bis ganz nach oben und sprangen dann todesmutig wieder hinunter. Zum Glück war der Boden darunter ganz weich, sodass nichts passieren konnte. Auch Anja fand den neuen Spielplatz klasse. Sie lief über den Wackelbalken oder schaukelte auf den vielen Schaukeln. Am liebsten mochte sie die Urwaldschaukel – die bestand nur aus einem dicken Seil und man musste ganz schön

balancieren können, um nicht runterzufallen. Nur mit den Netzen konnte sie sich einfach nicht anfreunden. Sie hatte Angst, sich zu verheddern oder zu stürzen.

„Lass uns doch mal zu den Seilen gehen", sagte Anjas beste Freundin Jojo. Eigentlich hieß sie ja Johanna, aber alle nannten sie nur Jojo.

„Ach nö", gab Anja zurück. „Ich schaukle lieber."

„Du hast die Netze noch gar nicht ausprobiert", sagte Jojo vorwurfsvoll.

„Mach ich schon noch", murmelte Anja und nahm mit dem linken Bein kräftig Schwung. Sie wollte nicht mit Jojo darüber reden. Sie wusste, es war dumm, aber sie träumte sogar nachts davon. Neulich erst hatte sie geträumt, dass sie sich in den Netzen verfangen hatte wie ein zappelnder Fisch, und keiner war da, der sie hätte retten können. Anja saß auf der Urwaldschaukel und beobachte Jojo, die auf den Netzen herumturnte. Bei ihr sah das so einfach aus. Anja hatte es mal ausprobiert, als keiner auf dem Spielplatz war. Es war am späten Nachmittag gewesen und es hatte kurz zuvor zu regnen aufgehört. Sie hatte sich mehrmals umgesehen, dass auch keiner zusah. Dann war sie zu dem senkrechten Netz gegangen und hatte zaghaft den Fuß auf das erste Seil gestellt. Das Netz hatte sofort furchtbar geschwankt und Anja war erschrocken zurückgesprungen. *Wenn ich sage, dass ich Angst habe, findet Jojo mich sicher doof,* dachte Anja traurig. Jojo wollte immer alles sofort ausprobieren und sie hatte nie vor etwas Angst. Am nächsten Tag auf dem Spielplatz fragte Jojo wieder: „Wollen wir nicht mal in den Seilen klettern? Das macht wirklich so viel Spaß."

Anja zögerte. „Ich wollte mal die Wippe ausprobieren", sagte sie schließlich.

„Aber da warst du doch letzte Woche schon dauernd drauf", sagte Jojo. Anja biss sich auf die Lippe.

Jojo schaute sie fragend an. „Hast du etwa Angst vor den Seilen?", fragte sie.

„Nö", gab Anja zurück. „Ich hab nur keine Lust drauf."

„Hmm", machte Jojo und rannte davon. Anja war traurig, denn sie wäre gerne mit ihrer Freundin zusammen gewesen. Aber da Jojo viel lieber kletterte und sie Angst davor hatte, verbrachten sie immer weniger Zeit miteinander. Jojo fragte jeden Tag – und jeden Tag erwiderte Anja, dass sie keine Lust auf Seilklettern habe.

„Du hast ja doch Angst davor", sagte Jojo eines Tages herausfordernd. „Und wenn es so wäre?", gab Anja trotzig zurück. Sie hatte keine Lust mehr zu lügen. „Dann würde ich dir zeigen, wie du klettern kannst, ohne dass was passiert", erwiderte Jojo ernsthaft.

„Du fändest mich nicht feige?", wollte Anja erstaunt wissen.

„Nein, wieso denn? Ich finde es nicht schlimm, dass man vor etwas Angst hat." Sie schaute sich kurz um, beugte sich dann vor und flüsterte: „Ich hab zum Beispiel furchtbare Angst vor Mäusen. Sag's aber keinem." Anja starrte Jojo an. Sie hatte Angst vor Mäusen? Die waren doch soo süß! Dann fasste sich Anja ein Herz und sagte: „Würdest du mir wirklich zeigen, wie man klettert? Und mich auch festhalten?" „Klar", sagte Jojo. „Komm. Du wirst sehen, es macht großen Spaß."

● **Welches Spielgerät mag Anja am liebsten auf dem Spielplatz?**

● **Was findest du mutiger – dass Anja sich nun endlich auf das Kletternetz traut oder dass sie ihre Angst vor Jojo zugegeben hat? Begründe deine Meinung.**

● **Hattest du auch schon einmal Probleme damit, deine Angst vor anderen Kindern zuzugeben? Erzähle davon.**

Geister im Keller

„**S**ascha, holst du bitte mal ein Glas Erdbeermarmelade aus dem Keller?" Sascha ging in die Küche, wo seine Oma einen Teig rührte. „Ich brauche sie für den Kuchen", sagte sie.

Sascha zögerte. Omas Keller war unheimlich und er hatte Angst davor. Aber natürlich konnte er das nicht zugeben.

„Und, gehst du?", hakte Oma nach. Sascha nickte und nahm den großen Schlüssel vom Haken. Langsam ging er zu der Tür unter der Treppe, die in den Keller führte. Oma lebte in einem alten Haus. Das war eigentlich recht spannend, denn es gab viele Ecken, in denen man sich herrlich verstecken konnte. Aber der Keller war dunkel und unheimlich. Es gab nur eine einzige Lampe, die nicht einmal zwei Meter weit reichte. Deshalb hing an der Kellertür zusätzlich eine Taschenlampe. Sascha schloss die Tür auf und nahm die Lampe vom Haken. Er versuchte, nicht an die Geschichten zu denken, die Onkel Werner ihm erzählt hatte.

Geschichten von Geistern, die in Kellern hausten und nur darauf warteten, dass sie jemanden überfallen konnten. Geister, mit denen Onkel Werner als Junge, als er selbst noch in diesem Haus lebte, tapfer gekämpft hatte.

„Erzähl dem Jungen nicht so einen Blödsinn", hatte Oma immer geschimpft. „Du hast immer gezittert, wenn du aus dem Keller kamst." Onkel Werner hatte dann gelacht und erwidert: „Ja, weil ich so heftig kämpfen musste."

Stufe für Stufe stieg Sascha in das dunkle Loch hinab. Sein Herz pochte so laut, dass er glaubte, seine Oma oben in der Küche müsste es hören. Der Lichtkegel der Taschenlampe warf unheimliche Schatten an die Wände.

Es war eine Sache von einer Minute. Das Regal mit den Marmeladengläsern stand gleich vorne links. Er musste nur zwei Schritte hinein ins Dunkel machen, sich ein Glas greifen und zurück zur sicheren Treppe springen. Ein Klacks. Sascha rührte sich nicht. *Da! Ist da nicht ein Geräusch?* Er lauschte. Die Lampe in seiner Hand zitterte. *Nein, das ist nur die Klospülung von oben.*

Sascha umgriff die Taschenlampe fester und leuchtete alle Ecken aus. Es war nirgends ein Geist zu sehen. Aber er wusste ja von Onkel Werner, dass Geister lichtscheu waren.

Zwei Schritte bis zum Regal. Sascha hielt den Lichtkegel auf das Regal. Ja, da oben standen die Gläser mit der leckeren Marmelade von Oma.

Sascha schnaufte tief durch. Er konnte hier nicht ewig stehen, Oma würde sich sicher Gedanken machen, wenn er nicht bald zurückkam. *Was hatte Onkel Werner erzählt?*

„Ich hab immer laut gesungen. Du weißt ja, dass ich nicht singen kann …" – da lachten dann alle, denn Onkel Werner sang immer ziemlich falsch – „… das mögen auch Geister nicht."

Ob er das mal probieren sollte? „Alle meine Entchen …", begann Sascha zaghaft zu singen. Nach der ersten Strophe lauschte er aufmerksam. Alles war ruhig. *Ob das Singen tatsächlich half? Egal.* Er schnaufte noch einmal tief durch und sang dann das Lied, das sie neulich im Kindergarten gelernt hatten.

Schnell sprang er zum Regal und schnappte sich ein Glas
Erdbeermarmelade. *Puh, das war wirklich gut gegangen!*
Gerade wollte er zur Treppe zurück – *doch was war das?*
Plötzlich stülpte sich ein riesiger, dunkler Schatten über ihn.
Sascha ließ Glas und Lampe fallen und schrie.
„Alles in Ordnung bei dir?", ertönte die Stimme seiner Oma von
der Treppe aus.
Trotz seiner Angst musste Sascha kichern. Er hatte seine Oma
für einen Geist gehalten.
„Ich hab das Glas fallen gelassen", sagte er kleinlaut.
„Kein Problem", erwiderte seine Oma. Sie half ihm hoch und
sammelte die großen Scherben auf. „Pass auf, dass du dich
nicht schneidest", warnte sie ihn.
„Ich putze das weg", bot Sascha an und schaute auf die klebrige
Marmeladenpampe.
„Ach, lass nur", sagte Oma. „Das machen schon die Geister."
Sie schaute Sascha von der Seite an und zwinkerte.

❷ **Woher kennt Sascha die gruseligen
Geistergeschichten, die ihm im Kopf
herumspuken?**

❷ **Glaubst du, Sascha hat in Zukunft weniger Angst
vor Kellern und Geistern?**

❷ **Hast du auch schon einmal Angst vor Dingen
gehabt, die es gar nicht gibt oder die eigentlich
gar nicht gefährlich sind? Erzähle davon.**

Mut zur Lücke

Mama fiel es zuerst auf, dann Papa und schließlich sogar Leon, obwohl der meist gar nicht auf seine kleine Schwester achtete. Aber irgendwann bemerkte sogar er, dass Rieke nicht mehr lachte.

„Ob sie wohl Kummer im Kindergarten hat?", fragte er Mama. Leon ging schon aufs Gymnasium, während Rieke erst in 2 Monaten in die Schule kommt. Aber Mama schüttelte den Kopf. „Nein, ich habe gestern mit Riekes Erzieherin gesprochen. Sie sagt, es sei alles in Ordnung. Allerdings ist auch ihr aufgefallen, dass Rieke viel ruhiger geworden ist." Mama seufzte.

Rieke war normalerweise ein fröhliches Mädchen, das viel und gerne lachte. Sie liebte Zeichentrickfilme und besaß eine ganze Sammlung von ihnen auf DVD.

„Komm, lass uns Nemo gucken", schlug Leon am Samstag vor. „Der ist doch so lustig."

„Meinetwegen", murmelte Rieke und setzte sich aufs Sofa,
während ihr Bruder die DVD einlegte.

Leon wusste, irgendwann würde Rieke lachen müssen – spätestens
bei der Stelle mit den beiden Haien. Aber diesmal gab sie nur ein
verkniffenes Grinsen von sich. Leon machte sich nun ernsthaft
Sorgen um seine Schwester, doch dann – Rieke fühlte sich
offensichtlich unbeobachtet – sperrte sie den Mund weit auf und
lachte laut. Und da sah er es: Eine riesengroße Zahnlücke.

Jetzt war alles klar: Rieke schämte sich. Nachdem Leon Mama
von Riekes Zahnlücke erzählte, sprach diese Rieke vorsichtig
darauf an: „Alle Kinder verlieren ihre Zähne in diesem Alter.
Das ist doch ganz normal und kein Grund, sich zu schämen."
Rieke fuhr nur mit dem linken Fuß auf dem Boden herum.
Dann versuchte es Leon. „Ich kenn das, glaub mir. Ist nicht immer
lustig, diese Zeit, aber sie geht vorbei." Rieke starrte ihn nur
stumm an. Schließlich kam Papa an die Reihe. Er kuschelte sich
mit Rieke in den großen, alten Sessel.

„Hab ich dir schon mal das Märchen von dem Mädchen
mit dem Buckel erzählt?" Rieke schüttelte den Kopf.

„Es war einmal ein Mädchen", begann Papa zu erzählen,
„das hatte einen Buckel. Als das Mädchen noch ein Baby war,
wickelte die Mutter es in viele Tücher, sodass der Buckel nicht
weiter auffiel. Aber je älter das Mädchen wurde, desto deutlicher
sah man es. Natürlich tuschelten die Leute, aber das fand das
Mädchen nicht so schlimm. Am schlimmsten waren die anderen
Kinder, die das Mädchen auslachten und ihr böse Namen gaben.
Nun war es aber so, dass das Mädchen eine wunderschöne Stimme
hatte. Wenn es zu singen begann, verstummten alle ringsherum und
lauschten. Am Anfang sang das Mädchen nur, damit es seine Ruhe
vor dem Spott der anderen hatte. Doch es empfand so viel Freude am
Singen, dass es bald den lieben langen Tag sang und die anderen
Menschen dabei vollkommen vergaß. Und bald kannte man das
Mädchen nicht mehr als die Bucklige, sondern als das Mädchen mit
der goldenen Stimme. Davon hörte auch ein Königssohn und er
wollte das Mädchen kennenlernen. Als er ihre Stimme hörte,

verliebte er sich sofort in sie und bat sie darum, seine Frau zu werden. Das Mädchen fragte ihn, ob er wirklich eine Bucklige zur Frau haben wolle, aber er schaute sie nur erstaunt an und fragte: ‚Welcher Buckel?'

Die beiden heirateten und bekamen zwei entzückende Kinder und führten ein langes und glückliches Leben."

Papa und Rieke schwiegen lange, doch nach einer ganzen Weile sagte Rieke leise: „Aber ich kann doch gar nicht singen."

Papa lachte ein wenig, denn es stimmte. Doch dann schob er Rieke ein wenig von sich weg und schaute ihr tief in die Augen: „Aber du hast das schönste Lachen, das ich kenne, und alle Leute müssen mitlachen, wenn du lachst. Es ist so schade, dass du nicht mehr lachst." Rieke deutete nur stumm auf ihren Mund, wo sich die riesige Lücke befand.

Papa nickte. „Ja, du hast da eine große Zahnlücke. Aber die ist bald verschwunden. Und dann kommt eine neue. Na und? Du bist du! Hör einfach nicht drauf, was die anderen sagen." Er strich ihr sanft über die Wange. „Ich möchte einfach meine lustige Rieke wiederhaben. Meinst du, das geht?" Rieke schaute ihn lange an und nickte schließlich. Und dann lachte sie.

❷ **Warum hat sich der Königssohn in dem Märchen in das Mädchen verliebt?**

❷ **Glaubst du, die anderen Kinder stören sich überhaupt an Riekes Zahnlücke?**

❷ **Hast du dich auch schon mal für etwas an dir geschämt, was du nicht ändern konntest? Wie hast du dich verhalten? Erzähle davon.**

Ich bin auch noch da!

„**D**er Nächste bitte!", sagte die dicke Bäckersfrau und schaute den Mann neben Marius erwartungsvoll an.

„Ich ...", begann Marius schüchtern, doch weder die Frau hinter der Theke noch der Mann neben ihm beachteten ihn. Dabei stand Marius schon eine ganze Weile in der Warteschlange. Frustriert schaute er auf die Rosinenschnecke, die direkt vor seiner Nase lag, aber dennoch unerreichbar blieb, weil eine dicke Glasscheibe zwischen ihnen war. „Zwei Vollkornbrötchen und dieses belegte Brot", sagte der Mann und beugte sich dabei weit über Marius hinweg, um der Bäckerin zu zeigen, welches Brot er meinte. „Mach doch mal Platz", sagte er unfreundlich zu Marius. Marius machte automatisch einen Schritt zurück und gab damit seinen Platz in der Schlange auf. Aber eigentlich hatte ihm dieser Platz ja sowieso nichts genützt, denn keiner beachtete ihn.

Natürlich könnte er sich auch am Schulkiosk etwas kaufen, aber die Rosinenschnecken dieser Bäckerei waren einfach viel leckerer. Doch er hatte keine Chance, seinen Wunsch loszuwerden, es waren einfach zu viele Erwachsene. Marius verließ den Laden und kaufte sich schweren Herzens am Kiosk ein pappiges Brötchen. Aber es war immer noch besser, als Hunger zu haben.

Auch am nächsten Morgen stand Marius wieder geduldig in der Bäckerei und wartete darauf, dass er drankommen würde. Er hatte sich fest vorgenommen, sich diesmal durchzusetzen – doch als es endlich soweit war, wurde er schon wieder übersehen. Zwei Mal versuchte Marius, sich bemerkbar zu machen, doch seine Stimme war zu zaghaft, als dass man ihn gehört hätte. Es war einfach zu viel los in der Bäckerei. Jede Menge Erwachsene, die in Eile waren. Da musste er noch viel lernen, sich hier endlich mal durchzusetzen.

Es wurde also wieder ein pappiges Brötchen vom Kiosk – auch am nächsten Tag und am übernächsten. Doch dann hatte Marius die Nase voll. *Warum beachteten die Erwachsenen ihn nicht?* Er hatte genug Geld, er konnte bezahlen wie alle anderen Kunden auch. Es gab also keinen Grund, ihn zu übersehen.

Am nächsten Morgen stellte Marius sich wieder in die Schlange und wartete. Und tatsächlich – wieder übersah ihn die dicke Bäckersfrau und wandte sich an die große, elegante Frau hinter Marius.

„Ich komme jetzt dran", rief Marius laut. Sein Herz klopfte, denn seine Mutter hatte ihm beigebracht, dass man immer höflich sein musste. Und er war sich nicht sicher, ob das gerade höflich gewesen war.

„Stimmt", sagte da die elegante Frau hinter ihm. „Er kommt als Nächster."

Marius drehte sich um und lächelte sie dankbar an. Die dicke Bäckersfrau schob ihren Kopf über den Tresen, und ihr Gesicht erschien hinter den Rosinenschnecken. „Oh, tut mir leid. Dich habe ich ja gar nicht gesehen", sagte sie mit einem Lächeln. Marius war verblüfft. *Wieso hatte sie ihn nicht gesehen?*

„Was möchtest du denn gerne?", fragte die Bäckerin freundlich. Marius deutete auf die Rosinenschnecke und streckte den Arm aus, um das Geld auf den Tresen zu legen. Die Frau steckte eine Schnecke in eine Papiertüte und reichte ihm diese über die Theke. Marius dachte gerade noch daran, Danke zu sagen, dann wurde auch schon die Dame hinter ihm bedient.

„So ein netter Kerl", hörte er die Bäckersfrau noch sagen und wurde dabei ein bisschen rot. Nach der Schule hatte er noch ein bisschen Zeit. So ging er noch einmal zur Bäckerei. Er wollte unbedingt wissen, wieso man ihn heute endlich mal bedient hatte. Der Laden war leer, und als die Klingel ertönte, kam die Bäckersfrau in den Laden.

„Bist du nicht der Junge von heute Morgen?", fragte sie. Marius nickte. „Tut mir wirklich leid, dass ich dich nicht gesehen habe", sagte die Bäckersfrau. „Du standest so versteckt zwischen den anderen Kunden. Und dann ist es morgens immer so hektisch …"

Da lachte Marius, denn er begriff, dass es gar keine böse Absicht von der Frau gewesen war. Er war froh, dass er am Morgen endlich den Mut gehabt hatte, etwas zu sagen.

⊙ **Was machte Marius, nachdem er nun mehrmals in der Bäckerei nicht bedient wurde?**

⊙ **Warum wurde Marius tagelang nicht bedient? Fallen dir mehrere Gründe ein?**

⊙ **Hattest du auch schon einmal Probleme, dich gegenüber Erwachsenen durchzusetzen? Wie hast du dich verhalten?**

Ich will das nicht!

Olli hat schon seit Tagen Bauchweh. Am Wochenende ist Besuch angesagt, Tante Olivia und Onkel Rainer kommen. Eigentlich findet Olli seine Patentante Olivia ja ganz nett – wenn sie nur nicht immer so feucht küssen würde! Ihm wird jetzt schon ganz schlecht, wenn er nur daran denkt. Onkel Rainer gibt ihm immer einen heftigen Klaps auf den Rücken, der Olli fast umhaut. Aber das ist okay, das macht man so unter Männern. Aber Tante Olivia drückt ihn ganz fest an ihren großen Busen und schlabbert ihn von oben bis unten ab. *Wi-der-lich!*

Am Freitag hat Olli Bauchschmerzen und Durchfall. Als er es seiner Mutter sagt, hofft er sehr, dass sie nun deshalb den Besuch absagt, aber sie meint nur: „Na, hoffentlich bist du übermorgen wieder fit. Wäre doch zu schade, wenn du nichts von dem leckeren Kuchen essen könntest." Das fände auch Olli schade, aber er würde liebend gern auf den Kuchen verzichten, wenn er dafür von Tante Olivia keine feuchten Küsse bekommt.

Der Durchfall vergeht, das Bauchweh bleibt. Ja, es wird sogar schlimmer mit jeder Stunde, die der Besuch näher rückt.

Ich sag's ihr einfach, denkt Olli. *Ich bin doch jetzt schon sechs. Sie muss doch wissen, dass ich das nicht mehr mag.*

Doch dann hat er Zweifel daran. Tante Olivia ist seine Patentante, ihr hat er seinen Namen Oliver zu verdanken. Und eigentlich ist sie ja ansonsten wirklich nett. Sie bringt immer etwas mit, schickt ihm regelmäßig bunte Ansichtskarten von ihren Reisen und kauft ihm immer tolle Geschenke zum Geburtstag. Was sind dagegen ein paar feuchte Küsse?

Olli hat ein schlechtes Gewissen. In der Nacht von Samstag auf Sonntag liegt er lange wach. Aber so sehr er auch grübelt – er weiß einfach nicht, was er tun soll. Er will seiner Tante ja nicht wehtun. Sie muss doch denken, er mag sie nicht mehr, wenn er ihr sagt, dass er nicht mehr geküsst werden will.

Als er endlich einschläft, träumt er von ekligen Schleimmonstern und wasserspeienden Drachen. Nassgeschwitzt wacht Olli auf.

Am nächsten Morgen sind seine Eltern ganz aufgekratzt.

Nur Olli ist schweigsam und bedrückt. Seine Mutter fragt ihn, was er denn habe, aber er deutet nur auf seinen Bauch.

Da sitzt ein riesiger Klumpen drin, der Olli fast die Luft abschnürt.

„Ich mach dir nachher einen Kamillentee", sagt Mama und springt auf, weil draußen ein Auto vorgefahren ist. „Sie sind da!", ruft sie und rennt hinaus.

Olli hört die fröhlichen Stimmen wie durch einen dichten Nebel. Er atmet tief ein, so weit ihn der Klumpen in seinem Bauch lässt, und denkt sich: *So schlimm wird es schon nicht werden.*

Doch mit jedem Schritt, den Tante Olivia sich ihm nähert, wird der Klumpen größer und schwerer, und Olli weiß nur noch einen Ausweg. „Ich will nicht, dass du mich abknutschst!", ruft er ihr laut entgegen. Tante Olivia bleibt stehen und schaut ihn nur an. Seine Mutter sagt leise: „Aber Olli, was ist denn mit dir los?!" Sein Vater und Onkel Rainer haben es gar nicht mitgekriegt.

Für ein paar Sekunden hängt ein bedrohliches Schweigen über ihnen, dann bricht Tante Olivia in lautes Lachen aus.

Olli sieht sie verwirrt an. „Ach, Olli, du bist mir einer", sagt Tante Olivia, immer noch lachend. Sie muss sich sogar ein paar Tränen aus den Augen wischen. Es dauert eine Weile, bis sie sich richtig beruhigt hat. Olli weiß einfach nicht, was so lächerlich ist. Dann geht Tante Olivia in die Hocke und zieht Olli zu sich. Er sträubt sich ein wenig, denn er fürchtet ihre Küsse.

„Keine Bange", sagt sie und gluckst ein wenig. Sie nimmt seine Hand und drückt sie.

„Ich finde es toll, dass du mir das gesagt hast", meint sie dann. „Ich freu mich halt immer so, wenn ich dich sehe, und dann muss ich dich einfach knuddeln und abküssen. Aber eigentlich bin ich eine wirklich dumme Tante! Ich hätte es selber merken müssen, dass du das Abknuddeln nicht magst. Ich mach das natürlich nicht mehr, einverstanden?" Olli ist sprachlos, er kann gar nicht glauben, was er da gehört hat. So murmelt er nur:

„Einverstanden", und umarmt Tante Olivia. Plötzlich ist der Klumpen in seinem Bauch verschwunden und er fühlt sich wieder leicht. Und der Kuchen schmeckt diesmal besonders gut.

⊙ **Welchen Grund nennt Olli seiner Mutter, warum der Besuch doch nicht kommen sollte?**

⊙ **Hätte Olli vielleicht vorher auch mal mit seiner Mutter über seine Sorgen sprechen können? Wie hätte Ollis Mutter ihm helfen können?**

⊙ **Gab es bei dir auch schon mal eine Situation, bei der du dich erst nicht getraut hast, zu sagen, dass du etwas nicht möchtest? Erzähle davon.**

Ich bin stark wie Pippi

Die Jungs mit den grauslichen Masken machten Saskia Angst.
Sie rannten in der Halle herum, gaben bedrohliche
Geräusche von sich und machten sich einen Spaß daraus,
die kleineren Kinder zu erschrecken.

Saskia fand ihre Masken richtig unheimlich. Sie erinnerten sie an
ihre Albträume, die sie manchmal hatte. Sie drückte sich gegen
die Wand und hoffte, dass die Jungs sie nicht sehen würden.
„Hallo Pippi", sagte da eine vertraute Stimme neben ihr. Ihr Freund
Peter stand als Pirat verkleidet da und grinste sie an. Er trug ein rotes
Kopftuch und eine Augenklappe, auf den beiden Backen waren
Totenköpfe aufgemalt. Saskia lachte. „Du siehst echt lustig aus",
sagte sie. Peter war davon nicht begeistert. „Hey, ich bin ein Pirat,
du musst dich vor mir fürchten!", sagte er mit grimmiger Stimme.

„Na, hör mal", gab Saskia mutig zurück. „Ich bin Pippi, ich fürchte mich vor gar nichts." Kaum hatte sie es ausgesprochen, dachte sie daran, wie sie noch vor ein paar Minuten Angst vor den größeren Jungs gehabt hatte.

Pippi Langstrumpf hatte sich nie vor etwas gefürchtet, aber sie war ja auch das stärkste Mädchen der Welt. Das war Saskia sicher nicht.

„Komm, lass uns mal rübergehen", sagte Peter und zeigte Richtung Theke. „Ich habe Durst."

Saskia warf einen scheuen Blick in die Halle, doch die großen Jungs waren nirgends zu sehen. Vermutlich versuchten sie gerade draußen ihr Glück. Sie folgte Peter und bestellte sich eine Limonade.

„Du bist eine tolle Pippi", sagte Peter, während sie ihre Getränke schlürften.

Saskia sah an sich hinunter. Die geringelten Strümpfe waren lustig, und auch die zu großen Schuhe. Eigentlich war Pippi eine Witzfigur, mit den schrägen Klamotten und den roten Zöpfen, die quer abstanden – und dennoch hatte Pippi niemals Angst, vor nichts und niemandem.

Nachdenklich starrte Saskia auf ihre Ringelstrümpfe und dachte nach. Natürlich, Pippi war nur eine erfundene Figur aus einem Buch, aber vielleicht funktionierte das in der Wirklichkeit ja auch.

„Ach, da kommen die bösen Geister wieder", stöhnte Peter und rückte etwas näher an Saskia. Die war erstaunt, dass Peter offensichtlich auch Angst vor den gruseligen Fratzen hatte. Ihr Freund war ihr bisher immer recht mutig vorgekommen, und immerhin war er heute ein Pirat.

„Huhuhu", machte einer der schrecklich maskierten Jungs mit dunkler Stimme und schüttelte dazu eine laute Rassel.

Saskia trat unwillkürlich einen Schritt zurück und stieß gegen etwas. Sie drehte sich um – und starrte in die wilde Maske eines anderen Jungen. „Buh!", machte er ganz dicht an ihrem Ohr und lachte dabei dreckig. Da erinnerte sich Saskia an Pippis Mut. Sie stieß den Jungen von sich und rief: „Hey! Legt euch nicht mit Pippi Langstrumpf an! Außerdem – Geister gibt's ja gar nicht!"

Atemlos beobachtete sie den Jungen, aber hinter der Fratze war absolut nichts zu erkennen. Ihr Herz pochte laut, denn so hatte sie noch nie zu einem älteren Schüler gesprochen. Aus der Maske kam ein seltsames Geräusch heraus, dann nahm der Junge sie plötzlich ab. Zum Vorschein kam Bastian, der eigentlich ganz nett war. Saskia atmete erleichtert auf. „Schon gut", sagte Bastian. „Wir wollten euch nur ein bisschen erschrecken."

„Also schleicht euch nicht noch mal von hinten an!", sagte Saskia. „Denk doch mal dran, wie es war, als du so alt warst wie wir. Da hättest du dich bestimmt auch erschreckt."

Bastian nickte verlegen. „Kein Problem", sagte er noch einmal. „Ach übrigens – nettes Pippi-Kostüm." Als er weg war, schaute Peter Saskia bewundernd an. „Das war aber mal mutig von dir", sagte er. „Ach was", meinte Saskia, aber sie freute sich natürlich darüber. „Das war Pippi Langstrumpf, das stärkste Mädchen der Welt."

„Nein, das warst du", widersprach Peter, „und nicht dein Pippi-Kostüm." Saskia dachte darüber nach. Vielleicht hatte ihr Freund ja recht. Auf alle Fälle würde sie sich immer an diesen Augenblick erinnern, wenn sie mal wieder Angst hatte.

● **Welche Verkleidung hat Saskias Freund Peter?**

● **Macht eine Verkleidung oder ein Kostüm wirklich mutiger? Was glaubst du?**

● **Hattest du auch schon einmal Angst vor älteren Kindern? Haben sich ältere Kinder schon einmal einen Spaß daraus gemacht, dir Angst zu machen? Erzähle davon.**

Brillenschlange!

„**G**uckt mal, der Jonas trägt 'ne Brille!"
„Brillenschlange, Brillenschlange!", riefen die Kinder und lachten laut. Jonas schloss für einen kurzen Moment die Augen, um die Tränen zurückzuhalten. Er hatte es gewusst: Die anderen würden ihn auslachen. Dabei hatten Mama und Herr Meier, der Optiker, ihm eine superschicke Brille ausgesucht. Warum nur waren die anderen Kinder so gemein?
„Hör doch nicht auf sie", sagte Mama und drückte fest seine Hand. Sie standen vor dem Kindergarten, aber Jonas wollte heute gar nicht reingehen. Er hatte keine Lust, für die anderen den Kasper zu spielen. Mama ging in die Hocke und schaute ihm in die Augen. „Du weißt, dass du eine Brille tragen musst, damit du gut sehen kannst und keine Kopfschmerzen mehr hast." Jonas nickte.

„Na, komm, mein Schatz", sagte Mama und gab ihm einen Kuss auf die Backe. „Du bist doch groß und stark. Du schaffst das."
Jonas war sich da nicht so sicher und schlurfte Richtung Tür. Am liebsten hätte er die Brille wieder abgenommen, aber er hatte Mama versprochen, sie den ganzen Tag zu tragen.

Die Hänseleien wurden mit den Tagen weniger, die Kinder verloren einfach die Lust daran. Vielleicht gewöhnten sie sich auch daran, dass Jonas jetzt eine Brille trug. Jonas jedenfalls war erleichtert. Als er zur Kontrolle zum Optiker musste, fragte der ihn freundlich, ob denn alles in Ordnung sei. Jonas nickte.

„Weißt du, du hast es wirklich gut", sagte Herr Meier, während er Jonas' Augen testete. „In Afrika gibt es viele Kinder, die Probleme mit den Augen haben, die aber keine Brille bekommen, weil die Eltern kein Geld dafür haben."

Jonas war entsetzt. „Was passiert mit diesen Kindern?"

„Sie werden vermutlich niemals Lesen und Schreiben lernen, weil sie nicht richtig sehen", sagte er und hielt Jonas eine Tafel mit verschiedenen Symbolen vor das Gesicht.

Während Jonas die Symbole benannte, dachte er an die afrikanischen Kinder. Sie wären überglücklich über eine Brille, und er machte so ein Theater darum.

„Kann man da nichts machen?", wollte er wissen.

„Doch", erwiderte Herr Meier. „Wir sammeln alte Brillen und schicken sie dann nach Afrika."

Jonas dachte lange darüber nach, was der Optiker ihm erzählt hatte. Dann fragte er Mama und Papa, ob sie ihm helfen würden.

„Ich möchte, dass die Kinder in Afrika auch Brillen tragen können", sagte er. Papa entwarf ein kleines Plakat, das sie mehrmals ausdruckten und in der Nachbarschaft aufhängten. Darauf baten sie, alte Brillen, die nicht mehr gebraucht wurden, bei dem Optiker abzugeben. Jonas fand es toll, dass er etwas tun konnte. Und er fühlte sich jetzt auch viel besser mit seiner Brille. Wenn eines der anderen Kinder ihm doch noch mal einen Kommentar nachrief, erwiderte er einfach: „Es ist gemein, andere Kinder auszulachen, weil sie eine Brille tragen müssen."

Die Kinder waren dann erst einmal verblüfft, und einige entschuldigten sich sogar bei Jonas. Dann machte er sie auf seine Hilfsaktion aufmerksam. „Eure Eltern oder Großeltern haben sicher alte Brillen zu Hause, die sie nicht mehr brauchen. Bringt sie mit", forderte er sie auf. Eines Tages stand eine Zeitungs-reporterin auf dem Hof des Kindergartens, die nach Jonas fragte. Wahrscheinlich hatte seine Erzieherin sie herbestellt, weil sie so begeistert von Jonas' Aktion war. Die Reporterin stellte ihm viele Fragen, die Jonas ganz stolz beantwortete. Als sie dann auch noch ein Foto von ihm machen wollte, zögerte er. *Eine Brille tragen war mittlerweile okay. Aber damit gleich in die Zeitung?* „Du könntest ein großes Vorbild für andere Kinder sein, die Probleme damit haben, eine Brille zu tragen", sagte die Reporterin. Da lächelte Jonas. Die junge Frau schoss mindestens zwanzig Fotos von ihm und sagte ihm zum Abschied, dass er ein toller Junge sei. Ein paar Tage später erschien der Artikel in der Zeitung und Jonas war der Star. Während Papa ihm den Text vorlas, schaute er sein Bild an. Er fand, die Brille stand ihm eigentlich richtig gut.

→ **Mit welcher Aktion möchte Jonas den Kindern in Afrika helfen?**

→ **Wie werden sich die anderen Kinder gegenüber Jonas in Zukunft verhalten? Wird sein Mut mit der Brillen-Aktion von den anderen Kindern bewundert werden? Was glaubst du?**

→ **Bist du auch schon einmal für etwas ausgelacht worden, für das du nichts konntest? Wie hast du dich verhalten. Erzähle davon.**

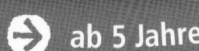

Ich will keine Spritze

„**B**ennet schlich um den Kalender herum. Noch drei Tage, dann musste er wieder zum Kinderarzt. Die Vorsorgeuntersuchung für Fünfjährige stand an. Er war ja eigentlich beinahe schon sechs und kam bald in die Schule. Aber diese Untersuchung musste halt noch sein. Normalerweise hatte Bennet keine Angst vor dem Arztbesuch. Dr. Strahl war sehr nett und fragte ihn auch immer, wie es ihm im Kindergarten gefiel. Allerdings hatte Papa erwähnt, dass auch wieder eine Impfung fällig sein könnte. Bennet hatte es noch niemandem verraten, aber er hatte eine höllische Angst vor der Spritze. Obwohl Dr. Strahl immer ganz vorsichtig war, befürchtete Bennet, dass es doch wieder sehr weh tun könnte. Schließlich kam der Tag, und Papa hatte sich extra frei genommen, damit er mit Bennet mitgehen konnte.

Andrea, die lustige Arzthelferin, begrüßte ihn lächelnd mit:
„Na, Bennet, hast du heute wieder einen großen Auftritt?"
Bennet nickte nur und verzog sich gleich in die Ecke mit den
Bilderbüchern. Doch sie mussten gar nicht lange warten,
da führte Andrea sie in das Sprechzimmer.
„Der Arzt kommt gleich", sagte sie und schloss die Tür.
Bennet fand das Zimmer eigentlich schön, obwohl er hier immer
Angst hatte. Auf den farbig gestrichenen Wänden klebten viele
lustige Figuren. Da waren Pippi und Wickie, die Biene Maja und
ihr Freund Willi, und viele andere. Auf den Schränken saßen
Plüschtiere und schauten freundlich auf ihn herab, als wollten
sie ihm Mut zusprechen.
„Bennet, da bist du ja", sagte Dr. Strahl fröhlich, als er in das
Zimmer kam. Er schlug die Patientenkarte auf und sagte:
„So, so, du kommst also bald in die Schule. Freust du dich
schon?" Bennet nickte schüchtern und versuchte ein Lächeln.
In seinem Bauch saß plötzlich ein riesengroßer Ball, der ihm
fast die Luft nahm. Der Kinderarzt schien das zu merken.
„Was gibt es denn Neues vom Kindergarten", versuchte er,
ihn abzulenken, und nahm Bennets Hand. Bennet berichtete
stockend von seinen Freunden Julius und Isabel und Finn.
„Gehen sie auf dieselbe Schule wie du?", wollte Dr. Strahl wissen
und bat ihn, auf dem rechten Bein zu hüpfen.
Bennet musste kichern, denn hüpfen und sprechen war ganz
schön anstrengend. Danach ließ der Arzt ihn auf dem linken Bein
hüpfen, auf einem Bein stehen, einen Ball fangen und durch das
Zimmer laufen. Bennet fragte sich, ob das alles nur Ablenkungs-
manöver für die Impfung waren. *Aber Dr. Strahl war nicht so
gemein, dass er ihm die Spritze hinterrücks geben würde, oder
doch?* „Jetzt spielen wir mal Hampelmann", sagte er dann. Bennet
musste sich in ein Eck stellen, der Arzt ging in das andere Eck.
„Heb mal den rechten Arm", flüsterte Dr. Strahl.
„Und jetzt das linke Bein." Bennet kam sich wie der Kasper im
Marionettentheater vor und musste wieder kichern.
Papa ermahnte ihn, ernsthaft mitzumachen.

„Das ist schon in Ordnung", sagte Dr. Strahl und ging zurück zum Schreibtisch. „Du hast ja wirklich Augen wie ein Adler", sagte er nach einem kurzen Sehtest zu Bennet. Er strahlte vor Stolz. Doch dann fiel ihm die Impfung wieder ein, und das Lachen verging ihm. Der Kinderarzt sah es und fragte: „Na, was ist denn los? Irgendetwas hast du doch auf dem Herzen."

Bennet zögerte, doch dann sagte er leise: „Ich hab' Angst vor der Spritze. Aber machen Sie es schnell, dann hab' ich's hinter mir." Dr. Strahl schaute ihn erst verblüfft an, schaute dann auf seine Karte und meinte schließlich: „Das müssen wir heute gar nicht machen, die nächste Impfung ist erst wieder in einem halben Jahr dran". Er nahm seine Hand und sah ihm ernst in die Augen. „Schau mal, keiner mag Spritzen, auch Erwachsene nicht. Aber dieser kleine Stich schützt dich vor schlimmen Krankheiten. Ich finde es aber toll, dass du so mutig bist. Wir machen es beim nächsten Mal. In Ordnung?" Bennet nickte erleichtert. „Du steckst das weg wie ein tapferer Indianer", sagte Papa. Bennet nahm Papas Hand und nickte stolz.

● Welche Übungen musste Bennet bei der Vorsorgeuntersuchung machen?

● Welchen Ausspruch fandest du besonders mutig von Bennet? Begründe deine Meinung.

● Hast du auch schon einmal Angst vor dem Arzt gehabt? War der Arztbesuch dann wirklich so schlimm, wie du befürchtet hast? Erzähle von deinen Erlebnissen.

Mein erster Schultag

„Ich will nicht in die Schule!" Alina stampfte mit dem Fuß auf und weigerte sich, das nagelneue Kleid anzuziehen, das Mama ihr extra für diesen Tag gekauft hatte.

„Aber du hast dich doch so sehr auf den ersten Schultag gefreut", sagte Mama erstaunt. Alina schüttelte nur heftig den Kopf. „Ich will wieder in meinen Kindergarten!", rief sie und brach in Tränen aus. Mama legte das wunderschöne, blaue Kleid aufs Bett, zog Alina zu sich und nahm sie in die Arme.

„Was ist denn los, Spatz?", fragte sie leise.

„Weiß nicht", schluchzte Alina. Dann fügte sie hinzu: „Ich will einfach nicht in die Schule."

„Aber warum denn nicht?", wollte Mama wissen.

„Ich dachte, du freust dich darauf, richtig lesen zu lernen.

Dann kannst du all deine Bücher selbst lesen und brauchst uns nicht mehr dazu."

„Ich will lieber, dass du vorliest. Und Papa auch", erwiderte Alina trotzig.

„Das machen wir natürlich weiterhin", versicherte Mama.

„Aber wäre es nicht schön, wenn du auch allein lesen könntest?" Alina zuckte nur die Achseln und presste ihr Gesicht an Mamas Schulter.

„Na gut", sagte Mama nach einer Weile. „Dann gehst du eben noch ein Jahr in den Kindergarten."

Alina hob den Kopf und sah Mama erstaunt an. Die lächelte und gab ihr einen zärtlichen Nasenstüber.

„Wenn du nicht in die Schule willst, dann musst du da nicht hingehen", sagte sie. Sie zögerte, fügte dann schließlich hinzu: „Allerdings werden Tommi und Yasmin ganz schön traurig sein."

Alina runzelte die Stirn. Tommi und Yasmin? Das waren ihre besten Freunde. Aber was hatten die damit zu tun?

Die Erklärung kam von Mama: „Yasmin hat mir gestern erklärt, wie sehr sie sich darauf freut, zusammen mit dir und Tommi in die Schule gehen zu können." Mama schwieg eine Weile, sagte dann: „Yasmin wird sehr traurig sein, dass du jetzt doch nicht dabei bist."

Alina löste sich von Mama und setzte sich auf das Bett. Daran hatte sie gar nicht gedacht. Sie hatte sich nur immer vorgestellt, wie sie mit völlig fremden Kindern in einem Klassenzimmer sitzen müsste. Und, dass die Lehrerin sie vielleicht nicht leiden mochte und ihr deshalb schlechte Noten gab. Und, dass sie nicht verstehen würde, was ihnen erklärt wurde.

Aber Yasmin und Tommi kamen ja auch in die Schule und vielleicht würden sie sogar in dieselbe Klasse kommen. Dann könnte sie vielleicht neben Yasmin sitzen. Oder doch neben Tommi?

Die Tür ging auf und ihr Vater erschien mit einer riesigen Schultüte. „Wir sollten langsam los", sagte er und stutzte etwas, als er sah, dass Alina noch gar nicht angezogen war. „Alina geht zurück in ihren Kindergarten", erklärte Mama ihm. Papa schwieg erst verblüfft, sagte dann: „Aha, so so. Ja dann …" und verließ das Zimmer.

Alina schaute der Schultüte sehnsüchtig hinterher. Mama hatte ihr erzählt, dass Tante Sophie den Inhalt besorgt hatte. Da waren sicher ganz spannende Dinge drin. Und sicher auch ein paar Süßigkeiten. *Sollte sie vielleicht doch ihre Angst überwinden und in die Schule gehen?* Im Kindergarten fühlte sie sich so wohl. Sie kannte alle Kinder und alle Erzieherinnen und sie wusste, wo welches Spielzeug war. Dann gab es noch die Kuschelecke und die zum Herumtoben ... In der Schule musste man den ganzen Tag stillsitzen und viele neue Sachen lernen, und alles war fremd. Alina seufzte. Ohne Yasmin und Tommi würde der Kindergarten aber auch langweilig sein, das war ihr klar. Und gemeinsam mit ihren beiden Freunden würde die Schule vielleicht nicht ganz so schlimm wie befürchtet. *Vielleicht machte das Lernen ja sogar Spaß?*
„Soll ich doch lieber in die Schule gehen?", fragte sie zögernd.
„Das musst du entscheiden", erwiderte Mama.
„Wir sind immer für dich da, egal, wie du dich entscheidest."
Alina holte tief Luft und sagte dann mit fester Stimme:
„Ich gehe in die Schule. Ich will jetzt ein Schulkind sein!"
Mit Mama und Papa und Yasmin und Tommi würde sie das schaffen, keine Frage!

● **Was mochte Alina gerne in ihrem Kindergarten?**

● **Wollte Mama Alina wirklich wieder in den Kindergarten schicken, obwohl sie am gleichen Tag ihre Einschulung hatte? Was glaubst du?**

● **Warum hat Alina schließlich den Mut aufgebracht, sich für die Schule zu entscheiden?**

Ich war's

Der neue Kometen-Flummi war toll. Er war durchsichtig, hatte
kunterbunte Schlieren in seinem Inneren und einen Schweif
aus buntem Lametta. Sara musste ihn nur ganz leicht auf den
Boden werfen, und schon vollführte er die tollsten Sprünge.
Seit zwei Tagen regnete es und Sara konnte nicht nach draußen
gehen. Sie hatte mit all ihren Puppen gespielt, hatte sogar ihr
Zimmer aufgeräumt, weil ihr so langweilig war. Ihre Mutter war
beim Einkaufen. Mit den Flummis durfte sie nicht im Haus spielen,
damit sie damit nichts kaputt machte.
Rocko lag auf ihrem Bett und schaute ihr beim Langweilen zu.
„Ist dir auch so öde, Rocko?", fragte Sara den Hund.
Rocko hob den Kopf, gähnte herzhaft und drehte sich zur Seite.
Sara interpretierte das als ein Ja.

38

„Lass uns doch mal nach unten gehen", schlug sie vor und verließ ihr Zimmer, gefolgt von Rocko. Der Dielenboden war wunderbar glatt, da würde der Flummi sicher ganz hoch springen. Sara schaute Rocko nachdenklich an.

„Kein Wort zu Mama, hörst du?", sagte sie verschwörerisch zu Rocko und legte zur Vorsicht auch noch einen Finger an den Mund. Vorsichtig ließ sie den Flummi aufhopsen. Wie erwartet, eignete sich der glatte Boden hervorragend dafür.

„Schau mal", sagte sie zu Rocko und fing den Gummiball wieder auf. Werfen, hopsen, fangen. Es konnte gar nichts passieren. Doch dann prallte der Ball auf einer Kante auf und flog in die entgegengesetzte Richtung. Es gab ein leises Klong, dann fiel Mamas teure Chinavase mit lautem Krach zu Boden.

Sara stand wie versteinert da und starrte auf die vielen Scherben. „Au weia", sagte sie leise. Rocko schmiegte sich an sie, als wollte er sie trösten. Als sie draußen ein Auto vorfahren hörte, kam allmählich wieder Leben in Sara. Schnell lief sie zur kaputten Vase, nahm ihren Flummi und rannte in ihr Zimmer. Gespannt lauschte sie auf die Geräusche von unten. Sara machte Musik an, dennoch hörte sie, wie Mama sagte: „Ach du liebes bisschen." Und dann lauter: „Sara?"

Sara hörte einfach nicht hin. Eine Minute später stand Mama in der Tür. „Sara?" „Hallo, Mama, schon wieder zurück?"

„Was ist mit der Vase passiert?"

„Welche Vase?" „Du weißt genau, welche Vase", sagte Mama und klang verärgert. „Keine Ahnung", erwiderte Sara. „Hat Rocko etwas kaputt gemacht?", fügte sie hinzu, aber es gelang ihr nicht, ihrer Mutter in die Augen zu schauen. „Rocko?" Jetzt klang Mama verwundert. Sie schaute zu dem Hund, der sie treuherzig anblickte. Dann schüttelte sie den Kopf. „Nein, Rocko springt niemals auf das Regal." Sara schwieg. Sie würde es nicht zugeben. Mama setzte sich neben sie aufs Bett und legte den Arm um sie. „Du weißt, dass du mir alles sagen kannst. Das weißt du doch, oder?" Sara nickte. „Gut. Ich frage dich jetzt noch mal: Hast du die Vase unten kaputt gemacht?"

Sara zögerte. Sie wusste, dass ihre Eltern es absolut nicht leiden konnten, wenn sie sie anlog. Aber jetzt zugeben, dass sie die Vase zerstört hatte? Sie schüttelte den Kopf.

„Schade", sagte Mama und seufzte. Sie stand auf und rief den Hund. „Falls du es dir anders überlegst – ich bin unten in der Küche."

Sara starrte auf die Tür, die Mama hinter sich zugemacht hatte. Am liebsten hätte sie gerufen: „Ich war's!", aber sie brachte keinen Ton heraus. Den ganzen Nachmittag über hatte sie ein schlechtes Gewissen. Nach dem Abendessen nahm Papa sie zur Seite und sagte: „Mama hat mir von der Vase erzählt. Sie ist sehr traurig. Aber nicht, weil die Vase kaputt ist. Es gehört eine ganze Portion Mut dazu, die Wahrheit zu sagen", sagte Papa noch und gab ihr einen Kuss auf die Stirn. Sara schaute zu Rocko, der ihr zu sagen schien: *Na, mach schon, sag's endlich.* Sie seufzte, stand auf und ging in die Küche. „Mama?", sagte sie zaghaft.

„Ja?" „Ich hab die Vase kaputt gemacht", sagte Sara leise. „Es tut mir leid." Mama nahm sie in die Arme und drückte sie. „Das mit der Vase ist nicht so schlimm. Wir kaufen eine neue. Aber ich freue mich, dass du es zugegeben hast."

→ **Auf wen versucht Sara zunächst, die Schuld an der kaputten Vase zu schieben?**

→ **Warum hat Sara nicht sofort die Wahrheit gesagt? Was glaubst du?**

→ **Hattest du auch schon einmal Schwierigkeiten, einen Fehler zuzugeben? Warum ist das so schwer? Erzähle davon.**

Meine neue Schwester

Natürlich stehen alle um den Kinderwagen herum und machen seltsame Töne. Mich beachtet mal wieder niemand. Seit acht Monaten geht das nun schon, seit Inga auf die Welt gekommen ist. Mama hat mir erklärt, dass sich eine Zeitlang alles um das neue Kind drehen würde, so wie sich alles um mich gedreht hat, als ich auf die Welt kam. Mama hat mich darauf vorbereitet, als Inga noch in ihrem Bauch war. Sie hat gesagt, dass ein Baby absolut von ihr abhängig sei und dass sie sich deshalb rund um die Uhr um es kümmern müsse. Aber natürlich habe sie mich deshalb immer noch genauso lieb. Ich versteh das ja. Trotzdem bin ich traurig, wenn Papa sagt: „Ich hab jetzt keine Zeit für dich, ich muss Inga wickeln." Oder Mama: „Siehst du nicht, dass Inga ihr Fläschchen braucht? Komm später noch mal."

Ich finde, Inga ist nichts Besonderes. Na gut, sie hat blonde Locken und blaue Augen, aber die hatte ich auch als Baby. Das weiß ich von den Fotos, die überall in der Wohnung herumhängen. Jetzt werden es natürlich immer mehr, denn Papa knipst wie ein Weltmeister. Meistens Inga, manchmal auch Inga zusammen mit mir. Dann muss ich sie halten und an mich drücken und strahlen, als gäbe es nichts Schöneres als meine kleine Schwester. Am meisten mag ich, wie sie riecht. Deshalb habe ich auch nichts dagegen, sie in den Arm zu nehmen. Jetzt sind gerade Tante Sabine und Oma gekommen. Sie schauen in das Bettchen, in dem Inga liegt. Tante Sabine meint verzückt: „Sieh mal, sie ist schon wieder ein Stück gewachsen." Und Oma ergänzt: „Schau nur, wie nett sie lacht."

Ich würde am liebsten den Teller mit dem Kuchen fallen lassen, damit mich auch mal wieder jemand beachtet. Aber vermutlich würde Mama nur mit mir schimpfen. Also stelle ich den Teller auf den Tisch und hole das restliche Geschirr, damit wir später Kaffee trinken können. Ich hoffe, Inga wird bald groß genug sein, dass sie das Tischdecken übernehmen kann. Das ist ja wohl nichts für Jungs. Mama, Tante Sabine und Oma reden die ganze Zeit nur über Inga. Was sie isst, wie sie lächelt, wie sie schläft. Das nervt. Ich habe neulich eine Zwei in Mathe nach Hause gebracht, da war ich ziemlich stolz drauf. Aber Mama und Papa haben nur gesagt: „Gut gemacht", und haben sich wieder um Inga gekümmert. Das finde ich nicht in Ordnung. Ich bin doch auch ihr Kind!

„Ich hätte gerne noch etwas warmen Kakao", sage ich laut, aber niemand beachtet mich, wie immer. Ich würde mir den Kakao ja selbst machen, aber ich darf nicht alleine an den Herd. Mama hat mal gesagt, dass ich mit ihr über alles reden kann. Aber wenn ich ihr sage, dass Inga mich nervt, denkt sie womöglich, dass ich meine Schwester nicht mag. Und das stimmt ja gar nicht. Ich hole mir ein großes Glas Limo aus der Küche und setze mich wieder an den Tisch. Es geht immer noch um Inga. Die Limo sammelt sich in meinem Bauch und blubbert wie wild darin herum. Plötzlich wird mir schlecht und ich muss zum Klo rennen.

„Was ist denn mit Matze los?", höre ich Oma fragen. Vielleicht sollte ich sehr krank werden, dann kümmert sich Mama auch mal wieder um mich.

„Was ist denn los, Schatz?", fragt da Mama hinter mir.

„Mir ist schlecht", sage ich. Und dann platzt es aus mir heraus, obwohl ich es eigentlich nicht sagen will: „Und ich will, dass du auch mal Zeit für mich hast. Nicht immer nur für Inga."

„Sei doch nicht so egoistisch", schimpft Oma. „Inga ist so klein und braucht noch so viel Hilfe."

Da fühle ich mich schon wieder schlecht, aber Mama widerspricht Oma sofort: „Nein, Matze hat recht. Ich habe viel zu wenig Zeit für ihn." Sie nimmt mich in den Arm und meint: „Du hättest schon viel früher etwas sagen sollen. Du weißt, dass ich dich genauso lieb habe wie Inga. Aber mit einem Baby im Haus ist das eben alles nicht so einfach." Sie drückt mir einen Kuss auf die Stirn. „Bist du sehr böse auf mich?", fragt sie dann. Ich schüttle den Kopf. Ich schmiege mich an Mama und bin froh, dass ich etwas gesagt habe.

- ➲ Warum ist ein Baby so zeitaufwändig? Was müssen Matzes Eltern ständig mit seinem kleinen Schwesterchen tun?

- ➲ Fandest du es mutig von Matze, mehr Zeit von seinen Eltern einzufordern, oder war er nur egoistisch? Diskutiert darüber.

- ➲ Hast du dich auch schon einmal vernachlässigt gefühlt, weil deine Eltern keine Zeit für dich hatten? Ging es da auch um ein neues Baby oder haben sie sehr viel gearbeitet? Erzähle davon.

Das Lieblingsgericht

„Was ist denn los, mein Schatz?", fragte die Mutter besorgt. Francesca saß in ihrem Lieblingssessel und ließ den Kopf hängen. Sie war heute beim Turnen unglücklich gestürzt und deswegen von allen anderen ausgelacht worden. Stockend und halb weinend erzählte sie der Mutter davon.

Die nahm sie in die Arme und meinte: „Aber das ist doch nicht so schlimm. Das nächste Mal bist du geschickter."

Francesca schüttelte traurig den Kopf. Sie hasste den Hindernisparcours, da würde sie vermutlich nie besser werden.

„Ich koch dir dein Lieblingsgericht, dann wird alles wieder gut", sagte Mama bestimmt und stürmte in die Küche. Bald zog der Geruch von Knoblauch durch die Wohnung – Mama kochte Spaghetti aglio e olio – Spaghetti mit Knoblauch und Öl. Das war früher Francescas Lieblingsessen gewesen.

Francesca schluckte. Irgendwann musste sie Mama sagen, dass sie das nicht mehr essen wollte. Zwar mochte sie den Geschmack von Knoblauch eigentlich, aber Spaghetti aglio e olio war einfach zu viel des Guten. Sogar das Schokoeis, das es hinterher gab, schmeckte nach Knoblauch, und Francesca roch noch tagelang danach. Auch den Kindern in ihrer Klasse schien das aufzufallen. Als sich Francesca vor ein paar Tagen einen blöden Kommentar anhören musste, beschloss sie, von nun an keinen Knoblauch mehr zu essen. Aber sie hatte bisher nicht den Mut aufgebracht, es ihrer Mutter zu beichten. Mama kochte für ihr Leben gern, und Francesca war sicher, dass sie schwer enttäuscht sein würde.

Der Knoblauchgeruch wurde intensiver. Francesca hielt sich die Nase zu und atmete flach durch den Mund, aber es war zu spät: Der Geruch steckte schon überall.

„Mama?", rief sie, aber ihre Mutter hörte sie nicht.

„MAMAAAA!", brüllte Francesca aus Leibeskräften.

Ihre Mutter kam angerannt. „Was ist denn los, um Himmels willen? Ist etwas passiert?"

Francesca schüttelte den Kopf und verlor allen Mut. Doch der Geruch, der Mama verfolgte, war so intensiv, dass sie gar nicht anders konnte.

„Ich mag keine Spaghetti mit Knoblauch mehr", sagte sie leise.

„Was?" Mama schien sie nicht verstanden zu haben.

„Warte mal, ich muss schnell in die Küche, sonst kocht das Wasser über." Sie wandte sich ab.

„Nein!", rief Francesca laut. „Ich will keinen Knoblauch!"

Ihre Mutter drehte sich verblüfft um. „Wie meinst du das?", fragte sie verwirrt. „In Spaghetti aglio e olio gehört aber doch Knoblauch. Und das ist doch dein Lieblingsessen."

Francesca schüttelte den Kopf. „Nein, nicht mehr", sagte sie leise.

„Ich …", ihre Mutter starrte sie an, schaute dann Richtung Küche, wo es laut zischte. „Ich muss in die Küche."

Francesca biss sich auf die Lippen. Verdammt, jetzt war Mama sauer auf sie. Aber sie wollte nicht etwas essen, was ihr nicht mehr schmeckte.

Francesca wartete eine Weile, aber ihre Mutter kam nicht mehr aus der Küche zurück. Das Zischen hatte aufgehört, doch der Knoblauchduft lag noch immer in der Wohnung. „Mama?", rief Francesca leise. Keine Reaktion. *Sollte sie sich entschuldigen? Aber wofür? Dafür, dass sie die Wahrheit gesagt hatte? Hatten ihre Eltern nicht immer gesagt, dass es das Wichtigste war, die Wahrheit zu sagen?* Francesca stand auf und ging zur Küche. „Mama?" Sie öffnete die Küchentür. „Bist du jetzt böse auf mich?", fragte sie zaghaft. Ihre Mutter drehte sich um und schaute sie erstaunt an. „Aber warum sollte ich denn böse sein?", wollte sie wissen. „Ich bin ein bisschen traurig", fügte sie dann hinzu. „Weil ich keine Spaghetti aglio e olio mehr mag?", fragte Francesca. Jetzt musste Mama lachen. Sie gab Francesca einen Nasenstüber und sagte: „Aber nein, Spatz. Weil du es mir nicht schon viel früher gesagt hast. Du weißt doch, dass du mir alles sagen kannst." Sie beugte sich vor und flüsterte verschwörerisch: „Ganz ehrlich: Ich mag das Essen auch nicht mehr so gern." Francesca und ihre Mutter starrten sich an, dann lachten sie aus vollem Halse.

> ❥ **Warum hatte Francesca schlechte Laune, als sie von der Schule nach Hause kam?**

> ❥ **Warum traute sich Francesca zuerst nicht, ihrer Mutter die Wahrheit über ihr „Lieblingsessen" zu erzählen?**

> ❥ **Hattest du schon einmal Angst davor, deinen Eltern etwas zu erzählen, weil sie dann traurig geworden wären? Erzähle davon.**

Meine Buchstaben tanzen

Klara liebt Geschichten. Gibt es etwas Schöneres, als die Gutenacht-Geschichte, gemütlich vorgelesen von Papa oder Mama auf dem Bett? Doch jetzt, in der zweiten Klasse, erwartet die Lehrerin immer mehr von ihr, dass sie selbst lesen muss. Aber was bei den Eltern so einfach aussieht und auch bei ihrer Freundin Jennifer – bei Klara will das einfach nicht funktionieren, so sehr sie sich auch anstrengt. „Du lernst das auch noch", sagt Jennifer tröstend. Sie ist eine sehr gute Freundin und lacht Klara nicht aus, wie das die anderen Kinder tun. Wenn Klara etwas vorlesen soll, bekommt sie sofort nass geschwitzte Hände und fängt nur noch an zu stottern. Es klappt einfach nicht. Schon gar nicht, wenn die anderen Kinder nur noch die Augen verdrehen und abfällig lachen, wenn sie für einen kleinen Satz mehrere Anläufe braucht.

Am liebsten würde Klara gar nicht mehr in die Schule gehen. Mathe, Kunst und Sport kann sie ja ganz gut. Aber überall, wo sie viel lesen muss, ist sie eine Niete.

Und so sehr Klara zu Hause auch übt – es will einfach nicht besser werden. Weil ihr das Lesen so schwer fällt, versucht sie nun sogar schon, die Texte, die sie am nächsten Tag vorlesen muss, auswendig zu lernen. Aber Spaß macht das nicht. Auch wenn Klara weiß, was ein Wort bedeuten soll, kann sie die Buchstaben den Lauten des Wortes nicht richtig zuordnen. Sie hat das Gefühl, dass diese komischen Buchstaben immer nur vor ihrer Nase herumtanzen, als wollten die Buchstaben sie auslachen. Klara wird immer trauriger. Nur Jennifer macht ihr immer wieder Mut. „Du wirst sehen, eines Tages kannst du es auch."

„Ja, ja, aber das kann ja noch Jahre dauern", erwiderte Klara frustriert.

„Warum sagst du es nicht deinen Eltern?", fragt Jennifer.

„Die denken doch, dass ich zu blöd bin, genau wie alle anderen in der Klasse auch", meint Klara.

„Du spinnst ja", gibt Jennifer zurück. „Das würden deine Eltern niemals denken." Eigentlich glaubt Klara das auch nicht, aber sie schämt sich so sehr. Als Klaras Mutter eines Nachmittags mit ihr lesen üben will, kommt Klaras ganzer Kummer raus. Sie erzählt ihr, dass alle anderen in der Klasse viel besser lesen als sie, und dass sie immer nur ausgelacht wird. Nachdem ihre Mutter sie erstmal tröstend in den Arm nimmt, erzählt Klara auch noch von den Problemen mit den Buchstaben. „Sie fangen immer zu tanzen an, wenn ich etwas lesen will", sagte sie traurig und wischt sich dabei dicke Tränen von den Wangen.

Mama drückt sie noch fester an sich und sagt: „Es gibt keinen Grund, dich zu schämen. Du wirst sehen, wir schaffen das gemeinsam, wir finden eine Lösung." Schon am nächsten Tag gehen ihre Eltern mit Klara zur Lehrerin und reden mit ihr. Frau Sauer ist furchtbar nett: „Es war vollkommen richtig, dass du es gesagt hast. Und es gehört eine große Portion Mut dazu, so etwas zuzugeben. Mir sind deine Schwierigkeiten beim Lesen auch schon aufgefallen und ich wollte beim nächsten Elternsprechtag mit deinen Eltern und dir darüber sprechen. Gut, dass du jetzt sogar schon selbst damit zu mir gekommen bist."

Trotz all ihrem Kummer ist Klara auch ein bisschen stolz auf sich. Frau Sauer erklärt, dass Klara vermutlich an einer Lese-Recht-schreib-Schwäche leidet. Das kommt gar nicht so selten vor, und es gibt gute Förderprogramme, die den Kindern helfen, die Buchstaben besser zu entziffern. Ab sofort wird Klara zu einem speziellen Lehrer gehen, der mit ihr das Lesen übt. Es ist keine Nachhilfe, es ist nur ein besonderes Training wegen ihrer Lese-Rechtschreib-Schwäche. Wenn Klara jetzt in die Schule geht, hat sie kaum noch Angst. Der Lehrer zeigt ihr nicht nur, wie sie nun besser Lesen lernt, sondern auch, wie sie sich mutig gegen dumme Aussprüche von Mitschülern wehrt. Wenn die anderen sagen, dass sie blöd ist, kann sie das jetzt wegstecken, denn sie weiß es besser.

Das Lesetraining ist anstrengend, aber es hilft. Klara weiß, dass sie irgendwann einmal richtig gut lesen können wird, und darauf freut sie sich schon. Denn sie liebt Geschichten.

➔ **Womit hat Klara Probleme in der Schule?**

➔ **Warum hat sie so lange ihren Eltern und der Lehrerin nichts von ihren Problemen erzählt?**

➔ **Hattest du schon einmal Probleme in der Schule, dass du etwas nicht konntest oder etwas Wichtiges nicht verstanden hast? Wie hast du dich verhalten? Erzähle davon.**

Lampenfieber

J annis wischte seine Hände an der Hose ab, aber es half
nichts. Sie blieben feucht und klebrig. Dabei hatte er doch gar
keinen Grund, ängstlich zu sein. Mama hatte ihn gestern Abend
noch zwei Mal abgefragt und er konnte den Text fehlerfrei auf-
sagen. Und eigentlich liebte er es doch, Theater zu spielen,
er wollte unbedingt die Rolle des Königs haben.

Aber das Vorsprechen war zu Hause gewesen. Jetzt stand er vor
dem Probenraum und sollte gleich vor seiner Klassenlehrerin Frau
Werkmeister vorsprechen. Heute entschied sich, wer welche Rolle
für das Theaterstück zur Abschlussfeier bekam. Jannis wusste,
sobald er den Raum betrat, würde er Herzrasen bekommen und
weiche Knie und noch feuchtere Hände als bisher.

Mama hatte ihm gesagt, dass man das Lampenfieber nannte und
dass viele berühmte Künstler darunter litten.

„Du musst dich deswegen nicht schämen", hatte sie gesagt
und ihm einen Kuss gegeben. „Sag Frau Werkmeister und den
anderen, dass du aufgeregt bist. Sie werden das verstehen."
Jannis schnaubte leise. Mama hatte gut reden. Sie musste ja auch
nicht vorsprechen!
Die Tür vom Probenraum ging auf und Frau Werkmeister steckte
den Kopf heraus. „Wer ist der Nächste?"
Zaghaft hob Jannis die Hand. „Ah, Jannis, komm herein",
sagte die Lehrerin freundlich und schloss die Tür hinter ihm.
Jannis fühlte sich sofort wie eingesperrt.
Was mache ich hier?, fragte er sich. *Ich will hier raus!*
Stocksteif blieb er kurz hinter der Tür stehen, während Frau
Werkmeister sich hinter einen kleinen Tisch setzte.
„Komm doch ein bisschen näher", bat Herr Gröbener, Klassenlehrer
der Nachbarklasse, und deutete auf einen schwarzen Punkt auf
dem Boden. „Kannst du dich hier hinstellen? Dann hören und
sehen wir dich am besten."
Jannis ging wie auf Watte zu dem Punkt und stellte sich hin.
In seinen Ohren rauschte und klopfte es, sein Herz drohte zu
zerspringen. Außerdem musste er dringend zur Toilette.
„Ich …", sagte er leise und wandte sich halb ab.
„Ja?" Herrn Gröbeners Stimme klang sehr sanft und sehr nett.
Kann ich sagen, dass ich aufs Klo muss?, fragte sich nun Jannis
selbst. „Ach, nichts", sagte er laut. „Für welche Rolle hast du
gelernt? Was möchtest du gerne spielen?", wollte nun Frau
Werkmeister wissen. „Ähm", machte Jannis und suchte in seinem
Brummschädel nach dem Rollennamen. *Was war los? Hatte er
denn alles vergessen?* Frau Werkmeister stand auf und kam auf
ihn zu. „Du bist ein bisschen nervös, oder?", sagte sie freundlich.
Jannis nickte. „Es gibt keinen Grund dafür", sagte die Lehrerin.
„Es passiert nichts." Sie stellte sich neben ihn und sagte:
„Atme mal tief ein und aus." Jannis gehorchte, aber sein
Bauch war so verkrampft, dass kaum Luft hineinpasste.
Frau Werkmeister schien das zu spüren. Sie begann mit den
Armen zu zappeln. „Mach mir das mal nach", sagte sie.

Jannis schaute sie erstaunt an. *Sollte er sich hier zum Kasper machen?* Doch dann zappelte er gehorsam mit seinen Armen. „Und jetzt die Beine", sagte Frau Werkmeister und schwang ihre Beine in die Luft. Jannis schielte zu Herrn Gröbener, der mit einem leichten Lächeln auf den Lippen zusah. Er schüttelte seine Beine. „Spürst du etwas?", wollte die Lehrerin nach ein paar Minuten wissen. Jannis stand still und horchte in sich hinein. Es rauschte und pochte nicht mehr. Er nickte.

„Dann atmen wir jetzt tief ein und aus", sagte Frau Werkmeister. Jannis versuchte es noch einmal und siehe da: Die Luft strömte tief in seinen Bauch. Die Lehrerin neben ihm nickte zufrieden und ging zu ihrem Platz zurück.

„Welche Rolle hast du vorbereitet?", fragte sie noch einmal.

„Den König", erwiderte Jannis wie aus der Pistole geschossen.

„Schön", sagte Herr Gröbener.

„Dann fang doch mal an."

Jannis atmete noch einmal tief durch, nahm seinen ganzen Mut zusammen und begann mit der Rede des Königs an sein Volk.

⟳ **Was ging Jannis durch den Kopf, als er den Proberaum betrat?**

⟳ **Wie hat Jannis es geschafft, wieder ruhig und sicher zu werden?**

⟳ **Warst du auch schon einmal nervös, weil du vor vielen Menschen sprechen musstest? Erzähle davon.**

Das ist meine Familie

„**S**chau dir mal die da hinten an", flüstert Maike, kichert boshaft und zeigt mit dem Finger in eine Ecke der Aula.

Mir ist schon vorher klar, wen sie meint: Meine Eltern.

„Kennst du die?", fragt sie mich. Maike ist neu an der Schule. Ich schüttle den Kopf. „Nö, kenn ich nicht", lüge ich und wende mich schnell ab. Ich mag meine Eltern. Nicht, dass mich hier jemand falsch versteht. Trotzdem hätte ich es lieber gesehen, sie wären nicht gekommen. Alle Eltern tragen normale Klamotten, Jeans und T-Shirt oder auch 'nen Anzug. Nur meine Eltern fallen auf. Mama hat ihren verrücktesten Hut auf, unter dem ihre roten Haare wie Holzwolle hervorschauen. Und dann das Kleid! Natürlich selbst gemacht und entsprechend auffallend. Peinlich! Papa dagegen hat immer noch seinen Blaumann an.

Vermutlich will er damit gleich wieder darauf aufmerksam machen, dass er ein großer Künstler ist. Angeber! Meine Eltern sind Künstler. Papa bearbeitet Baumstämme mit Hammer und Meißel, manchmal auch mit einer höllisch lauten Kettensäge, und sagt dann: „Das ist eine schwimmende Frau." Ich sehe nur totes Holz, das eine komische Form hat, aber es gibt Menschen, die zahlen viel Geld dafür.

Mama entwirft Kleider und Hüte. Als ich noch kleiner war, musste ich in den Klamotten in die Schule und alle haben mich ausgelacht. Ich hab mich dann geweigert, etwas anderes als Jeans und T-Shirt anzuziehen, ich wollte halt nicht dauernd auffallen. Mama war erst ziemlich traurig deswegen, aber Papa meinte: „Lass sie doch. Jeder hat seinen eigenen Stil."

Bei uns zu Hause geht es immer recht chaotisch zu. Zum Glück lebt auch noch meine Oma bei uns; sie sorgt dafür, dass ich immer genug zu essen habe. Sie wacht – leider! – darüber, dass ich meine Hausaufgaben mache und kümmert sich um den Haushalt.

Und meistens kommt Oma auch zu den Schulveranstaltungen, weil Mama und Papa entweder keine Zeit oder keine Lust haben. Doch diesmal sind sie selbst gekommen, weil ich eine Rolle in dem neuen Theaterstück spiele. Den ganzen Weg hierher haben sie darüber diskutiert, ob ich nicht vielleicht das Zeug zur Schauspielerin hätte. Sie können einfach nicht kapieren, dass ich keine Künstlerin werden will. Am liebsten hätte ich eine ganz normale Familie. Mit einem Papa, der morgens zur Arbeit geht und am Abend nach Hause kommt. Mit einer Mama, die mit mir vor Weihnachten Plätzchen backt und an meinen Geburtstag denkt, ohne von Oma daran erinnert zu werden. Oder, die auch nur einfach mal mit mir in den Zoo geht. Aber dann gibt's natürlich auch die Sachen, die andere Eltern vermutlich nicht machen. Neulich hat Papa mich mitten in der Nacht geweckt, weil's eine Mondfinsternis gab. Wir saßen in dicke Decken eingemummelt auf unserer Terrasse und schauten zu, wie der Mond langsam verschwand. Es gab heißen Kakao und selbstgemachte Kekse von Oma.

Als wir am nächsten Tag in der Schule darüber redeten,
war ich die einzige, die nachts wach war und es gesehen hatte.
Das hat mich schon stolz gemacht.

Ich schaue zu meinen Eltern, die gerade mit meiner Klassenlehrerin,
Frau Wagner, reden. Mama hat ihren Hut abgenommen, man sieht
endlich ihre wunderschönen roten Haare. Ich schleiche mich
näher ran, damit ich etwas verstehen kann.

„Meine Kleidung?", fragt Papa und zeigt auf seinen Blaumann.
„Ich war so mit einer neuen Arbeit beschäftigt, dass ich die Zeit
vollkommen vergessen hatte. Aber ich will doch um nichts in der
Welt verpassen, wenn Charlotte auf der Bühne steht."

„Wir sind sehr stolz auf unsere Tochter", sagt Mama.
„Und sie hat es gewiss nicht immer leicht, mit uns als Eltern."

Während Frau Wagner ihr beteuert, dass ich es auch nicht
schwerer habe als andere Kinder, schäme ich mich plötzlich.
Meine Eltern lieben mich und ich liebe sie. Und es gibt keinen
Grund, sich für sie zu schämen. Ich suche nach Maike, denn es ist
mir auf einmal wichtig, ihr meine Eltern vorzustellen.

> **⊙ Zu Beginn der Geschichte wird der Name des
>   erzählenden Mädchens nicht genannt. Dennoch
>   erfährst du ihren Namen. Wie heißt die Erzählerin?**

> **⊙ Hättest du gerne so eine Familie, wie sie in der
>   Geschichte beschrieben ist, oder wären dir solche
>   Eltern peinlich?**

> **⊙ Hat schon einmal jemand schlecht über deine
>   Familie geredet? Wie hast du dich dabei gefühlt?
>   Wie hast du dich dann verhalten?**

Alle gegen Knut!

Knut war der selbsternannte König des Schulhofs und alle
Kinder zitterten vor ihm. Eigentlich hätten sie gerne über
ihn gelacht, denn er saß mit zehn Jahren immer noch in der dritten
Klasse. Knut war ein bisschen dumm und auch faul. Aber er war
eben auch groß und stark und gefährlich.

„Gib mir dein Pausenbrot", verlangte er von Carlotta, und als sie
es nicht schnell genug auspackte, zog er sie an den Haaren.

„Hol mir was zu trinken", befahl er Timo und gab ihm einen
kräftigen Schubs, damit er schneller lief.

Niclas musste Knut monatlich die Hälfte seines Taschengeldes
abdrücken. Zum Glück hatte Knut keine Möglichkeit nachzuprüfen,
wie viel Taschengeld er wirklich bekam, und gab sich mit den zehn
Euro zufrieden. Aber Niclas wusste, dass auch andere Kinder an
Knut zahlen mussten. Wenn nicht mit Geld, dann mit Sachen.

Wie die anderen hatte er Angst vor Knut. Doch eines Tages nahm Niclas all seinen Mut zusammen und beschloss, dem Ganzen ein Ende zu setzen.

Die Frage war: Wie konnte er Knut besiegen?

Sein Vater hatte ihm die Geschichte von David gegen Goliath erzählt – da hat auch der kleine David den großen Goliath besiegt. Aber mit einer Steinschleuder, wie David sie benutzt hat, war Knut sicher nicht beizukommen.

Niclas begann, Knut zu beobachten. Sein Magen zog sich zusammen, wenn er zusehen musste, wie der Zehnjährige die kleineren Schüler quälte. Jenny nahm er ihren neuen Mantel weg, obwohl er absolut nichts damit anfangen konnte. Jakob gab er eine schallende Ohrfeige, weil er nicht schnell genug aus dem Weg ging, und Luca zwang er dazu, seine Schuhe zu küssen.

Das Schlimme war, dass von den Lehrern keine Hilfe zu erwarten war. So dumm Knut auch war – er war schlau genug, seine Gemeinheiten immer versteckt und nie vor den Erwachsenen durchzuführen. Und die Schüler hatten viel zu viel Angst. Niemand würde ihn jemals verpetzen.

Niclas erkannte, dass sie nur eine Chance gegen Knut hatten, wenn sie alle zusammenhielten.

Als er beobachtete, wie Knut Tamara ihre neuen Turnschuhe wegnahm, lief er dem Mädchen hinterher und redete lange mit ihr. Natürlich hatte Tamara Angst, doch er konnte sie schließlich überzeugen: „Gemeinsam schaffen wir das!"

Sie versprach ihm, auch mit anderen Schülern zu reden und sie von seinem Plan zu überzeugen.

Es dauerte Wochen, bis genug Kinder den Mut fanden, bei der Aktion „Alle gegen Knut" mitzumachen. Aber Niclas hatte Geduld. Er wusste, dass ein Fehlschlag alles nur verschlimmern würde. Sie hatten genau eine Chance.

Die Chance kam mit dem monatlichen Zahltag. Als Knut auf Niclas zusteuerte, um die üblichen zehn Euro einzukassieren, stellte Knut sich mit klopfendem Herzen, aber selbstbewusst vor ihn hin und sagte: „Ich geb dir nichts mehr!"

Knut blieb erst die Spucke weg, doch dann schrie er: „Was?"
„Ich geb dir nichts mehr!", wiederholte Niclas und versuchte,
nicht zusammenzuzucken, als Knut sich vor ihm aufplusterte.
Mann, der Typ war soo groß!
Doch da hörte er jede Menge Schritte hinter sich und es erschallte
im Chor: „Wir geben dir auch nichts mehr."
„Ihr habt ja wohl einen Knall", rief Knut wütend und plötzlich
spürte man bei Knut auch ein bisschen Unsicherheit. Das machte
Niclas Mut.
„Wir alle haben keine Angst mehr vor dir", sagte er laut und stellte
sich zu den anderen. „Und wenn du noch einem von uns etwas
antust, sagen wir den Lehrern Bescheid." Die anderen nickten.
Knut wirkte plötzlich gar nicht mehr so groß und stark.
Niclas schaute zu den anderen und sah in lauter entschlossene
Gesichter. Er war froh, dass er sie überredet hatte, ihre Angst zu
überwinden. Gemeinsam waren sie stark.

> ↪ Warum sind die Lehrer nicht vorher schon mal
>   eingeschritten?

> ↪ Wie könnte die Geschichte weitergehen?
>   Wird Knut wirklich in Zukunft alle Kinder in
>   Ruhe lassen?

> ↪ Hast du auch schon mal eine Situation erlebt,
>   in welcher du alleine gar keine Chance hattest
>   und nur mit Hilfe von anderen zum Ziel gekommen
>   bist? Erzähle davon.

Auch Lehrer können irren

„U nd deshalb gilt der 24. November 1050 als Gründungstag unserer Stadt", sagte Herr Möller. „Im Jahr 2000 hatten wir eine wunderschöne 950-Jahr-Feier. Ihr könnt euch natürlich nicht daran erinnern, denn ihr wart ja noch Babys oder noch gar nicht geboren." *Aber das stimmt doch gar nicht,* dachte Justus.
Ich bin doch am Stadtgeburtstag geboren und mein Geburtstag ist der 25. November. Er wusste es ganz genau, denn er war 2000 das Jubiläumsbaby gewesen. Drei Minuten nach Mitternacht war er zur Welt gekommen und damit das erste Baby zum Stadtgeburtstag. Er hatte eine große Urkunde in seinem Zimmer hängen und der Bürgermeister der Stadt schickte ihm jedes Jahr eine Glückwunschkarte. Nach dem Unterricht redete Justus mit seinem Freund Boris. „Bist du sicher, dass du recht hast?", fragte Boris.

„Na hör mal", empörte Justus sich. „Ich werde doch wohl wissen, wann mein Geburtstag ist!" Boris nickte. Eigentlich wusste er es ja auch. Das ganze Trara jedes Jahr, das um Justus' Geburtstag gemacht wurde, konnte einen manchmal neidisch machen.
Aber ein Tag hin oder her – was machte das schon?
„Aber es geht doch ums Prinzip", erwiderte Justus.
„Hmm", machte Boris. *Da war was dran.* „Dann sag doch einfach was", schlug er schließlich vor. „Du weißt doch, dass du recht hast."
Justus zögerte. „Ich kann doch einem Lehrer wie Herrn Möller nicht widersprechen", meinte er.
Boris fand das schon, doch Justus hatte seine Zweifel.
In der nächsten Stunde sprachen sie über die Entwicklung, die die Stadt seit ihrer Gründung durchgemacht hatte. Sie lernten etwas über Burgen und Schutzwälle und über verschiedene Handwerksberufe, die es heute zum Großteil gar nicht mehr gibt.
Justus fand das alles sehr faszinierend, nur leider war Herr Möller kein guter Erzähler. Und dass er immer mal wieder das falsche Stadtgründungsdatum erwähnte, ärgerte Justus umso mehr.
Vielleicht haben sie ja die Stadt tatsächlich am 24. November gegründet, dachte er. Und jetzt feiern sie aus irgendeinem Grund einen Tag später. *Aber welchen Sinn sollte das machen?*
Nachmittags fragte er seine Mutter. Die bestätigte, was er eigentlich längst wusste: Der Stadtgeburtstag war am 25. November.
„Aber Herr Möller sagt etwas anderes", erwiderte Justus.
„Dann musst du ihm freundlich sagen, dass er sich irrt", meinte die Mutter. „Lehrer sind auch nur Menschen und können sich mal irren." In der nächsten Stunde nahm Justus all seinen Mut zusammen und meldete sich. „Ja, Justus?", sagte Herr Möller.
„Es, es tut mir leid", begann Justus und schluckte. „Ich glaube, ähm, also ich weiß, dass unsere Stadt nicht am 24., sondern am 25. November gegründet wurde." Seine Hände waren ganz feucht.
„Aha", sagte Herr Möller. „Und woher willst du das besser wissen als ich?" Sein Ton war nicht sehr freundlich. „Sonst interessierst du dich doch auch nicht so richtig für meinen Unterricht."
Justus senkte eingeschüchtert den Kopf. Das stimmte.

Obwohl er sich für das Thema interessierte, waren seine Noten bei Herrn Möller nicht besonders gut. In Justus' Mund hatte sich viel Spucke gesammelt; er schluckte und schluckte.

„Ich höre", forderte Herr Möller ihn auf.

Boris neben ihm stupste ihn und flüsterte aufmunternd: „Nun mach schon."

Justus stand auf, hob den Kopf und schaute Herrn Möller fest in die Augen. Dann sprudelte aus ihm heraus: „Ich habe am 25. November Geburtstag, zusammen mit der Stadt. Das weiß ich so genau, weil ich eine Urkunde darüber habe, unterschrieben von unserem Bürgermeister." Herr Möller starrte ihn an. Justus befürchtete einen Wutausbruch, aber zu seiner Überraschung lächelte Herr Möller auf einmal. „Da habe ich mich wohl geirrt", sagte er. Er gab Justus einen anerkennenden Klaps auf den Rücken. „Gut, dass du mir das gesagt hast, sonst würde ich es den Schülern in zwanzig Jahren auch noch falsch beibringen." Stolz und gleichzeitig erleichtert setzte sich Justus und grinste, als Boris seinen Daumen nach oben hielt. Es war gut zu wissen, dass auch Erwachsene irren konnten.

➲ Warum kennt Justus ganz genau den Gründungstag seiner Stadt?

➲ Warum war Herr Möller zuerst nicht begeistert, dass Justus ihn berichtigt hatte?

➲ Warum ist es so schwer, einem Erwachsenen zu widersprechen? Warst du auch schon einmal in einer solchen Situation? Erzähle davon.

Pink Lady

Sandra kann die Neue in der Klasse überhaupt nicht leiden. Sie heißt Paula. Das Peinlichste an Paula ist, dass alles bei ihr pink ist. Von der pinkfarbenden Haarspange bis zu den pink-geringelten Söckchen. Die typische Farbe für ein Mädchen, die Prinzessin sein will. Und genauso führt Paula sich auch auf. Sie muss ständig angeben: dass sie mit ihrer Mutter shoppen geht, dass sie einen eigenen Fernseher in ihrem Zimmer hat und natürlich einen eigenen Computer, und wer weiß, was noch. Zu ihrem neunten Geburtstag bekommt sie angeblich ein Pony. Sandra nennt Paula abfällig Pink Lady. Sie lässt sowohl Paula als auch alle Mitschüler spüren, dass sie absolut nichts mit ihr nichts zu tun haben will. Sandras beste Freundin Bianca findet deren Verhalten Paula gegenüber überhaupt nicht gut. Aber immer, wenn sie mal mit ihr darüber sprechen will, blockt Sandra nur ab.

Es ist einfach zwecklos. Sandra hält eisern daran fest, dass Paula eine blöde, aufgeblasene Kuh ist. Da Bianca Sandra als Freundin nicht verlieren will und hier keinen unnötigen Streit anfangen möchte, nennt Bianca Paula jetzt selbst auch nur noch Pink Lady. Ausgerechnet im Kunstunterricht steckt Herr Humpe, der Kunstlehrer, Bianca, Vladi und Pink Lady – also Paula – in eine Dreier-Gruppe. Das Thema ihres Projektes heißt: „Blumen im Garten". Nachdem Sandra von Bianca erfährt, dass sie nun sogar mit Pink Lady zusammenarbeiten muss, überschüttet Sandra sie mit Mitleid. Bianca findet das gar nicht so schlimm, aber sie sagt mal wieder lieber nichts dazu.

Bei den ersten Treffen der Projekt-Gruppe durchstreifen sie zu dritt den kleinen Schulgarten, malen Blumen ab und zerschnipseln Blüten. Da sie zum Projekt-Thema noch weitere Hausaufgaben aufbekommen, kommt von Paula der Vorschlag, dass sie sich doch auch mal nachmittags abwechselnd bei jemandem treffen können, sodass sie schneller mit dem Projekt vorankommen. So lädt sie alle zunächst zu sich nach Hause ein.

Bei Paula angekommen, stellt Bianca fest, dass das Haus nicht sooo groß ist, wie sie es sich vorgestellt hat. Paulas Zimmer selbst ist langweilig weiß, ohne besonders viel Spielzeug oder gemütliche Kuschelecken.

Ihre Eltern sind beide berufstätig, wichtige Anwälte oder so. Es gibt ein Hausmädchen, das ihnen Kuchen und Kakao serviert und Pink Lady wie eine verwöhnte Prinzessin behandelt. Kein Wunder, dass sie sich manchmal auch so aufführt.

Vladi sagt zum Abschied, dass sie sich leider nicht bei ihm treffen können, denn sie wohnen zu siebt in zwei Zimmern. Da ist keine Ruhe und kein Platz zum Arbeiten. Bianca sagt, kein Problem, bei ihr ginge es, auch wenn es immer sehr chaotisch zugehe. Und tatsächlich: Biancas kleiner Bruder Benni hat seine Spielsachen nicht weggeräumt und ihre Mutter steht am Küchentisch und bügelt einen großen Haufen Wäsche. Aber sie hat Kuchen gebacken und Kakao gekocht. Zum Arbeiten kommen sie kaum, denn Paula und Vladi stöbern in Biancas Büchern, sie betteln so lange, bis sie ihnen etwas auf der Gitarre vorspielt, und als sie Bennies Ritterburg entdecken, ist es mit der Arbeitsmoral endgültig vorbei. Sie albern herum und lachen viel. Bianca findet Paula eigentlich ziemlich nett. Als Sandra sich am nächsten Tag mal wieder über Paula und ihren Hang zu Pink auslässt, platzt Bianca der Kragen. „Du hast doch überhaupt keine Ahnung, warum sie das macht", schreit sie die Freundin an. „Sie lebt in diesem schrecklich aufgeräumten Haus. Sie ist den ganzen Tag allein, weil ihre Eltern dauernd unterwegs sind. Und ihr Zimmer ist komplett weiß: weiße Wände, weiße Schränke, weiße Regale. Da muss sie doch etwas Farbe hineinbringen." Verblüfft schaut Sandra Bianca an. Damit hatte Sandra nun gar nicht gerechnet. Nach einem kurzen Schlucken sagt sie: „Wow, du findest sie wirklich nett, oder?" Bianca ist selbst erstaunt über ihren Ausbruch. Für einen Moment hat sie Angst, dass Sandra jetzt nicht mehr ihre Freundin ist. Während Bianca noch über ihre eigenen Worte nachdenkt, hört sie Sandra sagen: „Vielleicht sollte ich Paula ja auch mal besser kennenlernen." Dann grinst sie und fügt hinzu: „Aber muss es denn ausgerechnet Pink sein?"

● **Was ist das Thema der Kunst-Projektgruppe?**

● **Wie hätte Bianca schon mal vorher Sandra ihre ehrliche Meinung über Paula sagen können? Warum hat sie das so lange für sich behalten?**

● **Hast du auch schon mal jede Menge Mut zusammennehmen müssen, bevor du jemandem deine ehrliche Meinung gesagt hast? Erzähle davon.**

Ich steh auf Schalke

Laura starrte verzweifelt auf den Kalender. Noch eine
Woche, dann war das Spiel Schalke gegen Bayern. Noch
eine Woche Gnadenfrist, dann würde sie ihren Freunden gestehen
müssen, dass sie eigentlich Schalke-Fan war. Wo doch alle
anderen glühende Bayern-Anhänger waren. Was anderes war
in München einfach nicht zulässig! Bisher hatte Laura sich immer
erfolgreich darum herummogeln können, doch diesmal hatte der
Vater von Lars Karten für die Haupttribüne ergattert und Lars
hatte sie eingeladen, mitzugehen. Ein Livespiel in dem tollen
neuen Stadion war schon etwas Besonderes. In diesem Spiel
würde sich zeigen, ob Schalke es schaffen würde, weiter um die
Meisterschaft mitzuspielen. Laura hatte nicht den Mut gehabt zu
sagen: „Klar geh ich mit, aber ich bin Schalke-Fan." Sie wusste
doch, wie die anderen darüber dachten.

Vielleicht sollte ich einfach krank werden, dachte sie. Aber das war nicht nur feige, es war auch dumm. Wann würde sie wieder die Gelegenheit bekommen, so ein tolles Spiel live mitzuerleben? Sollte sie sich zur Tarnung einen Bayernschal kaufen? Laura schüttelte sich. Nein, das brachte sie nicht übers Herz. Sie fand einfach, dass der FC Bayern ziemlich arrogant war, und würde sicher nicht für diese Mannschaft jubeln, nur weil das alle taten. Okay, Philipp Lahm sah ganz gut aus, aber ihr Herz schlug nun mal für die Blau-Weißen. Sie war erst vor einem Jahr mit ihrer Familie aus dem Ruhrgebiet hierhergezogen, aber dem FC Schalke blieb man immer treu, egal, an welchem Ort.

Der Spieltag rückte unerbittlich näher, und Laura wusste immer weniger, was sie tun sollte. Sie wollte die neu gewonnenen Freunde nicht gleich wieder verlieren. Aber sie wollte sich auch nicht verbiegen müssen.

Ihr Bruder Fabian hatte damit überhaupt kein Problem.

„Ist doch klar, dass wir zu Schalke halten", sagte er. Aber er war auch schon zwölf. Außerdem war er ein toller Fußballspieler, der sicher noch Karriere machen würde. Aber niemals bei den Bayern – sagte er zumindest …

Laura dachte lange darüber nach und fasste dann einen Entschluss. Am Spieltag schlüpfte sie in ihre Jeansjacke mit all den Schalke-Aufnähern und schlang den blau-weißen Schal um den Hals. Lars starrte sie mit offenem Mund an, als sie sich an der U-Bahn trafen. „Du bist ja …", stotterte er. „… Schalkefan, ja", ergänzte Laura. „Und wenn's dir nicht passt, kann ich dir auch nicht helfen", fuhr sie eine Spur zu aggressiv fort. „Ähm, nein, ich dachte nur …", erwiderte Lars unsicher. Er war natürlich rot-weiß gekleidet und trug den Rekordmeisterschal um den Hals. Laura verdrehte die Augen. Dass die Bayernfans immer so angeben mussten. Drei Stationen später stießen Matze, Julia und Achmed zu ihnen, auch sie in Bayernkluft. Laura kam sich wie eine Aussätzige vor. „Willst du so ins Stadion gehen?", lästerte Matze. „Die machen dich doch gleich platt." „Es wird ja wohl noch mehr Schalkefans geben", antwortete Laura selbstbewusster, als sie sich fühlte.

Die U-Bahn füllte sich zusehends mit grölenden Bayernanhängern. Viele schauten sie abwertend an oder schüttelten den Kopf. Laura dachte ernsthaft daran, ihren Schal zu „verlieren", doch sie trug immer noch ihre Jacke mit den zahlreichen Aufnähern, die sie eindeutig als Schalke-Anhängerin auswiesen. „Ich finde es gut, dass Laura dazu steht", sagte Achmed überraschend.

„Es ist sehr mutig, in Bayern seinem Heimatverein treu zu bleiben."

„Klar doch!", sagte Lars schließlich. „Wir sind Freunde. Daran ändert auch unsere Liebe zu verschiedenen Vereinen nichts."

„Ihr seid toll", sagte Laura und umarmte ihre Freunde.

„Mal davon abgesehen", fügte Achmed mit einem Augenzwinkern hinzu, „haben wir vor euren harmlosen Stürmern eh keine Angst."

„Das wird sich noch zeigen", gab Laura herausfordernd zurück und wedelte mit ihrem blau-weißen Schal.

Sie war froh, dass sie zu ihrer Meinung gestanden hatte und ihre Freunde das respektierten.

⊛ **Aus welcher Region ist Laura mit ihrer Familie nach München gezogen?**

⊛ **Fandest du Lauras Entscheidung besonders mutig, oder ist ihre Treue zum Heimatverein selbstverständlich? Diskutiert darüber.**

⊛ **Hast du auch schon einmal die Erfahrung gemacht, dass alle deine Freunde eine andere Meinung als du hatten? Hast du dich durchgesetzt oder dich angepasst? Erzähle davon.**

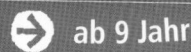

Svennie, du bist mein Star!

Das Gekreische war kaum auszuhalten. Lisa stemmte sich gegen die Absperrung, um nicht von den Mädchen hinter ihr vollkommen zerdrückt zu werden. Wer hatte sie nur auf die Schnapsidee gebracht, sich morgens um sieben vor ein Hotel zu stellen, nur weil angeblich Svennie hier wohnte?

Svennie war derzeit der angesagte Star und Lisa war ein großer Fan von ihm. Sie hatte alle CDs, kannte alle Lieder auswendig und wusste alles über ihn. Er war ja auch soo süß!

Leider fanden das Millionen andere Mädchen auch. Lisa hatte den Eindruck, halb Deutschland stand hinter ihr und kreischte sich die Seele aus dem Leib. Das Gedränge wurde immer größer und Lisa bekam allmählich Angst. „Svennie, Svennie!", kreischten die Mädchen, dann rief eine „Da oben, am Fenster!", und alle zeigten nach oben und kreischten nur noch lauter.

Lisa stand zu nah am Haus und konnte deshalb nur einen Vorhang sehen, der sich bewegte. *Mist,* dachte sie. *Würde ich weiter hinten stehen, könnte ich ihn sehen.*

Sie drehte sich um und rief: „Lasst mich mal durch." Die Mädchen um sie herum achteten nicht auf sie, füllten aber die winzige Lücke, die sie hinterließ, sofort auf. Näher zu ihrem Liebling, das war es, was alle wollten. Doch statt etwas weiter nach hinten zu gelangen und damit einen besseren Blick auf das Hotel zu ergattern, wurde Lisa auf die Seite gedrängt und befand sich plötzlich außerhalb der wartenden Menge.

„He, lasst mich rein!", rief sie empört. Doch niemand beachtete sie. Ganz vorne, wo Lisa vor einigen Minuten noch gestanden hatte, tat sich etwas. Lisa stellte sich auf die Zehenspitzen und sah, dass sich die großen Flügeltüren öffneten. Verdammter Mist, da hatte sie ihren tollen Platz aufgegeben, um besser zu sehen, und jetzt stand vermutlich Svennie da vorne und verteilte Autogramme! *Das war ja wohl nichts,* dachte Lisa frustriert und wandte sich enttäuscht ab. Da am Haupteingang des Hotels kein Vorbeikommen war, ging sie in eine Seitenstraße, um so zur Haltestelle zu gelangen. Sie war zirka zwei Meter vom Personaleingang entfernt, als dieser sich plötzlich öffnete und zwei schwarz gekleidete Männer herauskamen. Lisa erkannte sofort, dass es sich um Leibwächter handeln musste. Sie stoppte und hielt den Atem an. Würde etwa …?

Zwei Minuten tat sich gar nichts, zwei Minuten, in denen Lisa einfach nur stocksteif da stand und kaum zu atmen wagte. Und dann kam er …

Das ist meine Chance, dachte Lisa, doch sie konnte sich nicht bewegen. So nah war sie ihrem Idol, doch sie brachte nicht den Mut auf, etwas zu sagen oder sich auf ihn zuzubewegen.

„Mach mal bitte Platz", sagte einer der Bodyguards und schob sie zur Seite. Sie ließ es ohne Widerspruch geschehen.

Die beiden Muskelmänner nahmen Svennie zwischen sich und geleiteten ihn zu einer wartenden Limousine. Als sie auf gleicher Höhe mit ihr waren, warf Svennie ihr ein bezauberndes Lächeln zu, wandte sich dann wieder ab. Lisa erstarrte.

Er hat mich angelächelt, dachte sie und hätte am liebsten hysterisch gelacht. Doch dann durchfuhr sie ein anderer Gedanke:
Du hast noch genau zehn Sekunden! Sie nahm all ihren Mut zusammen und sagte laut: „Svennie?" Er drehte sich um.
„Ja?" „Kann ich bitte ein Autogramm haben?"
„Aber natürlich", gab er zurück und zog eine Karte aus seiner Jackentasche. „Wie heißt du?"
„Lisa", hauchte Lisa. *Er ist viel kleiner als im Fernsehen,* dachte sie. Svennie schrieb etwas auf die Karte und reichte sie ihr.
„Danke", sagte Lisa und musste nun doch ein wenig albern kichern. Sie drückte das Autogramm an ihr Herz. Als Svennie in den Wagen stieg, hörte sie ihn sagen: „Ich kann diese nervigen Kids nicht ausstehen." Lisa erstarrte. Das war ja wohl die Höhe! Ohne seine Fans war Svennie doch gar nichts. Verblüfft starrte sie auf das Autogramm. „Führ Liesa, In Liebe Svennie" stand darauf. *Und dann auch noch mit Rechtschreibfehlern. Von wegen Liebe, pah!* Langsam und genüsslich zerriss Lisa die Karte in kleine Fetzen und verstreute sie auf der Straße. Dieser Svennie konnte ihr ein für allemal gestohlen bleiben!

❷ Warum konnte Lisa nicht gut in das Hotelfenster hineinsehen?

❷ Kannst du Svennies Verhalten verstehen? Interessieren sich große Stars überhaupt richtig für ihre Fans? Tauscht eure Meinungen aus.

❷ Warst du schon einmal – oder bist du gerade verrückt nach einem Star? Wie verhältst du dich als „größter Fan" von deinem Idol? Erzähle.

Ich komme aus dem Iran

Je näher der Termin rückte, desto nervöser wurde Shahin. Vor vier Wochen, als er sich das Thema für einen Vortrag aussuchen sollte, war das alles kein Problem gewesen. Er war sehr an der Geschichte seines Heimatlandes Iran interessiert und wollte seinen Mitschülern etwas darüber erzählen. Shahin hatte seine Eltern und seine Oma gefragt, und sie hatten ihm bereitwillig Auskunft gegeben. Doch jetzt war alles anders. Shahin nahm die Blätter vom Schreibtisch und schaute auf den Text. Eigentlich konnte er ihn auswendig und es gab absolut keinen Grund, aufgeregt zu sein. Wäre da nicht das Problem mit der deutschen Sprache. Obwohl sie nun schon seit fünf Jahren in Deutschland lebten, sprach Shahin immer noch mit Akzent. „Aber das ist doch nicht so schlimm", sagte Darius, sein bester Freund. „Wir kennen dich doch alle. Wo ist das Problem?"

Das wusste Shahin auch nicht so genau. Er hatte sich sehr auf den Vortrag gefreut, doch jetzt waren es nur noch vier Tage und er hatte Bauchschmerzen, wenn er daran dachte. Er stand vor dem Spiegel und beobachtete sich.

Bin ich zu schnell oder zu langsam?, fragte er sich andauernd.

„Oma, kann ich dir mal was vortragen?", fragte er. Die Oma nickte, doch sie war keine große Hilfe, denn sie sprach kaum Deutsch und ein Vortrag auf Persisch machte keinen Sinn.

Am Mittwochnachmittag übte seine Mutter noch mit ihm, aber Shahin wurde misstrauisch, weil sie so begeistert war.

Ich schaffe das nicht, sagte er sich. In der Nacht träumte er, dass er vor der Klasse stand und beginnen wollte, doch plötzlich konnte er nur noch wie ein Rabe krächzen. Sobald er den Mund aufmachte, kam ein scheußliches Krächzen heraus, und die Klasse lachte sich halbtot deswegen.

Am nächsten Morgen fühlte er sich krank. „Mir geht's nicht gut", sagte er beim Frühstück.

„Das ist nur die Aufregung", beruhigte ihn sein Vater. „Dein Vortrag ist sehr gut, das weißt du. Hab Vertrauen zu dir selbst, dann schaffst du das auch. Du kannst doch nicht immer kneifen, wenn es ernst wird." Shahin sah ein, dass Papa recht hatte, dennoch fühlte er sich furchtbar. „Bist du der erste, der einen Vortrag hält?", wollte seine Mutter wissen.

Shahin schüttelte den Kopf. Nein, es hatten schon einige Kinder ein Referat gehalten. „Wo ist dann das Problem? Sie haben es geschafft, also wirst du das auch durchstehen. Oder?"

Sie wuschelte ihm durch die Haare und gab ihm einen aufmunternden Klaps. Für Shahin war das nur ein schwacher Trost. Was, wenn der Albtraum wahr würde und er nur krächzen konnte? Zum Glück begleitete Darius ihn das letzte Stück zur Schule.

„Ich freu mich auf deinen Vortrag", sagte Darius.

Shahin schluckte.

In den ersten beiden Stunden bekam er kaum etwas mit. Auch die große Pause konnte er nicht genießen. Drohend stand die bevorstehende Aufgabe vor ihm.

Als Shahin mit den anderen Kindern zurück in die Klasse ging, war er kreidebleich im Gesicht. Plötzlich stand seine Lehrerin Frau Sommer hinter ihm. Sie flüsterte ihm ins Ohr: „Geht es dir gut? Du siehst so blass aus." Shahin zuckte nur mit den Achseln.

„Wenn du nicht möchtest, musst du den Vortrag heute nicht halten. Ist es dir vielleicht nächste Woche lieber?", fragte sie.

Shahin dachte kurz darüber nach, sagte dann aber entschlossen: „Nein, ich bin gut vorbereitet. Alles in Ordnung!"

„Prima", lächelte Frau Sommer und klopfte ihm auf die Schulter. „Wir freuen uns schon, mehr über dein Heimatland zu erfahren."

Mittlerweile saßen alle Kinder auf ihren Plätzen.

„Heute wird uns Shahin etwas über den Iran erzählen", sagte Frau Sommer freundlich und winkte ihn zu sich. Shahin nahm seinen Text, den er noch einmal frisch ausgedruckt hatte, und ging nach vorne. 25 erwartungsvolle Gesichter schauten ihn an.

„Ich werde euch heute etwas über meine Familie und die persische Lebensart erzählen", begann Shahin sicher.

War das seine Stimme, die da klar und deutlich zu hören war? Shahin war verblüfft. Es war doch ganz einfach.

🡒 Welche Muttersprache spricht Shahin und seine Familie?

🡒 Warum hat Shahin plötzlich den Mut gefasst, sein Referat doch zu halten?

🡒 Hattest du auch schon einmal Angst und Schweißausbrüche vor einem Vortrag? Wie hast du deine Angst besiegt? Erzähle davon.

Der Umzug

Fabian sah zwar ein, dass der bevorstehende Umzug an den Stadtrand Sinn machte, aber glücklich war er nicht darüber. Er würde vermutlich alle seine Freunde verlieren, denn er würde auf eine andere Schule wechseln müssen. Und wann sollte er sich dann noch mit ihnen treffen können?

Das Gute daran war natürlich, dass er endlich ein eigenes Zimmer bekam und sich nicht mehr mit seinem kleinen Bruder herumärgern musste. Philip war im Prinzip ganz okay, aber manchmal konnte er eine echte Nervensäge sein. Vor allem, wenn Fabian am PC saß. Dann wollte Philip natürlich unbedingt auch damit spielen. Fabian seufzte. Allmählich sollte er sich darum kümmern, seine Sachen zusammenzupacken. Schlimmer würde jedoch das Ausmisten werden. Mama bestand darauf, auch wenn er in dem neuen Haus doppelt so viel Platz haben würde.

„Da sammelt sich schnell wieder genug an", hatte sie nur als Antwort gesagt.

Fabian wandte sich seiner Matheaufgabe zu, aber er konnte sich einfach nicht konzentrieren. Seit ein paar Tagen spukte eine Idee in seinem Kopf herum, aber bisher hatte er nicht gewagt, intensiver darüber nachzudenken. Er war sicher, dass seine Eltern es sowieso niemals zulassen würden. Die Zahlen verschwammen vor seinen Augen. Entnervt schaltete Fabian den PC an. Er würde eine halbe Stunde spielen und es dann erneut versuchen. Doch statt ein Spiel zu starten, ging er ins Internet und suchte nach dem örtlichen Verkehrsnetz. Er wusste, dass der Vorort, in dem das neue Haus stand, eine S-Bahn-Station hatte. Die Frage war, wie weit es dorthin war und wie lange sie in die Innenstadt fuhr.

Fabian saß mehr als eine Stunde vor dem Computer, doch dann hatte er einen Plan. Jetzt musste er nur noch seine Eltern davon überzeugen.

Als Mama zum Abendessen rief, schnaufte Fabian tief durch. Er wusste, entweder fragte er heute oder nie.

Doch zuerst erzählte Philip von den Proben des neuen Theaterstücks. Er hatte zwar nur eine winzige Rolle, aber er war trotzdem ziemlich stolz darauf. Fabian lächelte. Ja, in der ersten Klasse war das alles noch etwas anders gewesen.

Als Philip fertig erzählt hatte, sagte er: „Ich würde gerne etwas mit euch besprechen."

Fabian holte noch einmal tief Luft und begann: „Ich möchte gerne auf meiner alten Schule bleiben." Als seine Mutter etwas sagen wollte, meinte sein Vater: „Lass ihn doch erst einmal ausreden."

Fabian lächelte ihn dankbar an und fuhr fort: „Ich habe mir das angeschaut. Die S-Bahn-Station ist nur fünf Minuten von dem neuen Haus entfernt. Sie braucht fünfzehn Minuten in die Innenstadt, von dort aus muss ich noch zwei Stationen mit der Tram fahren. Ich würde insgesamt nicht viel mehr als eine halbe Stunde brauchen."

„Ich weiß nicht", sagte seine Mutter. „Was auf dem Weg alles passieren kann. Dann muss ich mir dauernd Sorgen machen." Fabian hatte mit dieser Reaktion gerechnet und sich gut darauf vorbereitet.

„Ich habe ja jetzt das Handy, da kannst du mich jederzeit anrufen. Und nächstes Jahr, wenn ich aufs Gymnasium gehe, müsste ich auch weiter fahren als jetzt."

„Aber deshalb haben wir doch auch dieses Haus gewählt: Weil die Schule so nah ist", sagte Mama vorwurfsvoll.

„Ich möchte aber gerne auf meiner alten Schule bleiben, bei meinen Freunden", erwiderte Fabian.

„Und was ist im nächsten Jahr?", wollte seine Mutter wissen.

„Das werden wir dann sehen", gab Fabian zurück. „Vielleicht gehe ich mit den anderen auf dieselbe Schule, vielleicht wechsle ich an die im neuen Ort." „Das gefällt mir nicht", sagte seine Mutter zweifelnd. „Was da alles passieren kann."

„Er ist doch kein kleines Kind mehr", mischte sich nun auch Papa ein. „Wir sollten uns seinen Vorschlag zumindest mal genauer ansehen, bevor wir ihn ablehnen." Er sah Fabian ernst an. „Keine Garantie, dass wir einverstanden sind, aber wir denken darüber nach."

Fabian nickte erfreut. Selbst wenn seine Eltern Nein sagen würden – er hatte es wenigstens versucht.

● **Warum möchte Fabian an seiner alten Schule bleiben?**

● **Wie findest du Fabians Argumente? Glaubst du, er konnte seine Eltern von seiner Entscheidung überzeugen?**

● **Warst du auch schon einmal in der Situation, dass deine Eltern dir aus Angst etwas nicht erlaubten? Konntest du dich durchsetzen? Erzähle davon.**

Ich will auch schlank sein!

Janina wäre gern so schlank wie ihre beste Freundin Claudi. Claudi hat einfach die perfekte Figur und sieht in allem, was sie anhat, super aus. Janina ist nicht dick, sie hat nur ein bisschen zu viel Speck auf den Hüften und einen kleinen Bauch. „Das ist noch der Babyspeck", sagt Oma immer, aber mit zehn ist man ja nun kein Baby mehr.

Wenn Janina sich bei Mama beschwert, weil die wieder viel zu gut gekocht hat, sagt diese: „Hör doch auf, dir Gedanken um deine Figur zu machen. Du siehst toll aus." Das findet Janina aber nicht. Mama regt sich immer furchtbar auf, wenn sie Modeprospekte anschaut. „Die sind alle viel zu dürr", findet sie und zeigt auf die Models. Das findet Janina ja auch; so dünn möchte sie gar nicht sein. Aber wenigstens die Fettpölsterchen wäre sie gerne los. Heimlich studiert sie alle Diäten, die es in Mamas Zeitschriften gibt.

Aber entweder klingen sie furchtbar kompliziert oder furchtbar langweilig. „FdH – friss die Hälfte – ist das einzige, was hilft", sagt Tante Julia. Sie ist Mamas Schwester und im Gegensatz zu Mama gertenschlank. „Aber nur, weil ich sehr darauf achte, was ich esse", sagt sie mit einem schiefen Seitenblick zu Mama. „Ich genieße eben mein Essen", erwidert Mama gutmütig. Ihr sind ein paar Pfunde mehr egal.

Aber in vier Wochen beginnen die Sommerferien und Janina würde im Schwimmbad gerne einen Bikini tragen. Sie hat da so einen ganz süßen gesehen, pink und lila und orange. Sie hat ihn auch schon drei Mal anprobiert und immer wieder festgestellt, dass er ihr einfach nicht steht.

Claudi könnte ihn perfekt tragen, denkt sie traurig und hängt den Bikini zurück an die Stange.

Eine Woche lang probiert sie Tante Julias FdH aus. Ganz schön schwer, die halbe Pizza liegen zu lassen. Schließlich überfällt sie doch wieder der Heißhunger und das mühsam abgehungerte Kilo ist sofort wieder drauf.

„Model könnte ich nicht werden", beklagt sie sich bei Claudi. „Ich esse einfach viel zu gerne. Das hab ich von Mama."

„Aber du bist doch okay so, wie du bist", erwidert Claudi.

„Hmm", macht Janina und klopft auf ihren Bauch.

Wenn der bloß weg wäre!

Eine Woche vor den Ferien hat sie Geburtstag. All ihre Freunde kommen, um mit ihr zu feiern. Mama backt einen leckeren Kuchen, sie kocht literweise Kakao, und sie haben viel Spaß. Janina ist ganz aufgedreht, weil sie so viele Geschenke bekommen hat und weil es so ein schöner Nachmittag war. Am Abend kommen Oma und Tante Julia, es gibt Würstchen vom Grill und als Nachtisch selbstgemachtes Tiramisu.

„Da muss ich wieder vier Wochen hungern", klagt Tante Julia und stochert im Kartoffelsalat herum. „Nun hab dich nicht so", sagt Mama und lacht. „Endlich bekommst du mal was Anständiges zu essen." Janina wird nachdenklich. Mama und Tante Julia sind zwar Schwestern, aber sie sind sich überhaupt nicht ähnlich.

Mama ist entspannt und immer gut drauf. Tante Julia dagegen ist oft hektisch und ständig am Jammern. Ob das auch mit dem Essen zusammenhängt?

Sie erinnert sich gut an die Zeit ihrer erfolglosen Diät. Da war sie auch oft gereizt. Claudi beschwerte sich ebenfalls über ihre schlechte Laune. Am nächsten Tag verkündet sie ihrer besten Freundin ihren Entschluss: „Ich mach' keine Diät mehr. Dafür esse ich viel zu gern. Ich bin eben, wie ich bin."

Claudi fällt ihr um den Hals. „Das ist toll", ruft sie. „Ich hab schon gedacht, du wirst jetzt so wie deine Tante. Die ist schrecklich."

„Trotzdem hätte ich gerne eine so tolle Figur wie du", erwidert Janina. „Bald sind Ferien …"

„Komm doch einfach regelmäßig Schwimmen mit mir", sagt Claudi, „viel Bewegung ist tausendmal besser als jede Diät."

Janina umarmt Claudi. „Du bist eine tolle Freundin", flüstert sie.

„Hab ich dir schon gesagt, dass ich da neulich so einen todschicken Badeanzug gesehen habe?", fügt Claudi hinzu. „Damit stichst du alle aus."

→ **Was macht Tante Julia, um schlank zu bleiben? Ist sie deshalb ein glücklicher Mensch?**

→ **Was könnte Janina tun, um mit sich und ihrem Körper zufriedener zu sein?**

→ **Was hat zu Janinas Entscheidung geführt, von nun an keine Diät mehr zu machen? Hättest du dich auch so entschieden?**

Das Experiment

David war verzweifelt. Seit zwei Wochen machten sie im Sachunterricht verschiedene Experimente, aber der Lehrer führte sie meistens so schnell vor, dass er sie einfach nicht kapierte. Natürlich machte es großen Spaß, wenn es laut krachte oder Metallkugeln auf einer CD tanzten – aber warum das so war, wusste er nicht. „Dann musst du den Lehrer fragen", sagte Mama, als er ihr von seinem Problem berichtete. „Vielleicht erklärt er es ja nicht richtig." David dachte nach. Womöglich lag es doch an ihm, denn immer, wenn der Lehrer fragte, ob es alle verstanden hätten, nickten die anderen. Und David nickte dann auch, schließlich wollte er nicht als Dummkopf dastehen.

Am nächsten Tag führte Herr Zimmermann wieder ein Experiment vor, das David nicht verstand. Der Lehrer wollte ihnen zeigen, dass man aus einer einfachen Kartoffel eine Batterie herstellen konnte.

Sie saßen alle mit offenem Mund da, als das kleine Lämpchen am Ende tatsächlich aufleuchtete.

Wie ist das möglich?, fragte David sich. Es ist doch nur eine Kartoffel und nirgends kommt Strom her. Er schaute die anderen an. Micha machte auch ein zweifelndes Gesicht.

„Und, habt ihr verstanden, was da passiert?", wollte Herr Zimmermann wissen. „Klar!", rief Mirko, der immer vorlaut war.

„Ja, ja", stimmten die anderen zu, wenn auch wesentlich leiser. Aber David fasste sich ein Herz. Wenn er sich nie traute, zu fragen, konnte er auch nichts lernen.

„Ich habe es nicht ganz verstanden", sagte er schüchtern.

„Bist halt zu dumm dazu", war Mirkos Antwort.

„Mirko, sei ruhig", ermahnte Herr Zimmermann den Schüler. Er wandte sich an David. „Ich finde es sehr gut, dass du dich gemeldet hast. Ich bin überzeugt, andere haben es auch nicht ganz verstanden, aber sie haben nicht den Mut, es zuzugeben."

„Dann sollen sie doch wieder in den Kindergarten", rief Mirko.

„Oh, es ist schön, dass du so klug bist. Dann kannst du das Experiment ja sicher wiederholen und es allen noch einmal erklären", sagte Herr Zimmermann zu Mirko.

„Klar", sagte Mirko, aber er wirkte plötzlich nicht mehr so sicher. Herr Zimmermann ging zu seinem Pult zurück, baute das Experiment auseinander, nahm eine neue Kartoffel und winkte Mirko zu sich. Mirko war ein furchtbarer Angeber, aber auch ein guter Schüler. Würde er den Versuch erklären können? „Ja, also, man nimmt die Kartoffel und schneidet sie in Scheiben", begann Mirko. „Dann spießt man sie auf." Er stach mit dem Holzspieß auf die Kartoffelscheiben ein, als wolle er sie abmurksen. Triumphierend hielt er den Spieß hoch. „Weiter!", sagte Herr Zimmermann nur. Mirko steckte die Kabel an die äußeren Kartoffelscheiben; die anderen Enden waren noch mit dem Lämpchen befestigt.

„Hey, leuchte, dummes Ding", murmelte er und drückte die Drähte fester an die Kartoffeln. „Mist", sagte er laut. „Was hast du vergessen?", wollte Herr Zimmermann wissen. Mirko zuckte nur mit den Schultern. Er wirkte plötzlich ziemlich kleinlaut.

David warf einen Blick auf das Pult, wo alle Utensilien wild durcheinander lagen, unter anderem auch Zink- und Kupferplättchen. Er meldete sich. „David?"

„Man muss zwischen die Kartoffeln noch die Metallplättchen stecken", sagte David. „Sehr gut", lobte Herr Zimmermann und erklärte jeden Schritt noch einmal ausführlich: „Zwischen die Kartoffelscheiben müsst ihr noch je ein Zink- und ein Kupferplättchen einfügen."
Da erinnerte sich David wieder und fügte hinzu: „… denn durch die Kartoffelflüssigkeit werden die Elektronen in den Metallen angeregt, sich zu bewegen." Herr Zimmermann nickte aufmunternd und erklärte weiter: „In den Zinkplättchen sind nun viele Elektronen drin, in den Kupferplättchen nur wenige. Wenn wir nun beide Seiten der Kartoffelbatterie mit einem Draht und einem Lämpchen verbinden, fließen die Elektronen blitzschnell hindurch und bringen es zum Leuchten." Und mit einem Augenzwinkern zu David fügte er hinzu: „Gut gemacht! Und keine Angst mehr vor Fragen, wenn etwas unklar ist, ok?" „In Ordnung", antwortete David stolz.

➔ **Haben alle Kinder in der Klasse außer David das Experiment verstanden?**

➔ **Warum fiel es David zuerst so schwer, beim Lehrer nachzufragen, ob er das Experiment noch einmal erklären könnte?**

➔ **Hattest du auch schon einmal Angst, deinem Lehrer eine Frage vor der ganzen Klasse zu stellen? Bist du dir auch schon einmal „blöd" vorgekommen? Erzähle davon.**

Lebe deinen Traum!

Cora hatte sich das alles einfacher vorgestellt. Klar, sie wusste, dass es schwierig war, Sängerin zu werden. Aber ausgerechnet ihre beste Freundin zeigte kein Verständnis dafür, dass sie jetzt nicht mehr so viel Zeit hatte. Okay, es war nicht „Popstars", es hieß noch nicht mal Casting, aber es ging ums Singen. Und das war doch die Hauptsache. Cora bewarb sich also für das neue Kindermusical, und kam Runde um Runde weiter. „Ist doch klar", sagte Josephine. „Die wissen eben, dass du gut bist." Und als Cora eine wichtige Nebenrolle ergatterte, feierten sie zusammen mit Eis und Kino. Doch jetzt musste sie drei Mal in der Woche zur Probe, und weiterhin täglich zur Gesangsstunde – da blieb nicht mehr viel Zeit für die Freundin. Zuerst zeigte Josephine Verständnis dafür. „Ich will doch, dass du mich nicht blamierst", sagte sie und knuffte Cora freundschaftlich in die Seite.

Doch bald wurden die Bemerkungen gehässiger: „Sieh an, da kommt die Starsängerin."

Cora taten diese Bemerkungen weh, aber sie wusste nicht, was sie tun sollte. Sie fragte ihre Mutter, die ihr den Rat gab, mit Josephine zu reden. „Sie ist deine beste Freundin, sie wird das verstehen."

Cora redete also mit Josephine, doch die sagte nur: „Ich weiß nicht, was du hast." Es klang ziemlich schnippisch. „Aber wir sind doch Freundinnen, oder nicht?", fragte Cora ängstlich zurück.

Josephine zuckte mit den Schultern. „Keine Ahnung. Wir machen ja nie mehr was zusammen."

Cora war nach diesem Gespräch sehr traurig. Als sie ihrer Mutter davon erzählte, sagte diese: „Es ist leider so, dass wir hin und wieder Freunde verlieren. Es tut weh, aber man kann es manchmal nicht ändern."

„Wenn ich auf das Musical verzichten würde, könnte ich sie wieder als Freundin haben", sagte Cora.

Ihre Mutter zögerte etwas mit der Antwort, sagte dann jedoch: „Das mag schon sein. Aber willst du immer auf alles, was dir Spaß macht, verzichten, nur weil deine Freundin das nicht versteht?"

Cora dachte lange über das nach, was ihre Mutter gesagt hatte. Sie musste sich also entscheiden, was wichtiger für sie war: Das Musical oder die Freundin. Cora war nun täglich mehrere Stunden am Theater, und wenn sie nach Hause kam, musste sie ihre Hausaufgaben machen. Sie fiel jeden Tag um zehn todmüde ins Bett und schlief sofort ein. Seit zwei Wochen hatte sie Josephine nur noch in der Schule gesehen, doch diese hatte sich immer sofort umgedreht, wenn Cora näher kam. Zur Generalprobe durften alle Kinder neben den Eltern noch eine weitere Person mitbringen. Cora hätte gerne ihre beste Freundin dabeigehabt, aber sie wusste nicht, wie sie sie einladen sollte. Am Telefon ließ Josephine sich verleugnen, in der Schule kam Cora auch nicht an sie ran. Zwei Tage vor der Generalprobe war Cora drauf und dran, alles hinzuschmeißen. Es ging ihr nicht gut. Sie hatte Bauchweh und Halsschmerzen, ihre Stimme gehorchte ihr nicht mehr und ihre Beine schienen aus Gummi zu sein. Ihre Mutter versuchte, sie zu beruhigen. „Das ist nur das ganz normale Lampenfieber. Das vergeht, sobald du auf der Bühne stehst."

Doch Cora wusste, dass es etwas anderes ist. Nach einer schlaflosen Nacht fasste sie einen Entschluss.

In der Schule folgte sie Josephine aufs Mädchenklo. Josephine beachtete sie nicht, aber Cora war fest entschlossen, das jetzt durchzuziehen. Ihre Kehle war trocken, ihr Herz flatterte, ihre Knie waren weich.

Während Josephine in einer der Kabinen war, räusperte Cora sich und sagte: „Morgen ist unsere Generalprobe. Ich dachte immer, Freundinnen sein heißt auch, zueinander zu stehen, egal, was kommt. Man muss eben viel Zeit aufbringen, um seinen Traum zu verwirklichen. Und du weißt, dass es schon immer mein Traum war, Sängerin zu werden." Cora lauschte, aber aus der Kabine kam kein Mucks. Sie holte tief Luft und sagte: „Ich fände es schön, wenn wir wieder Freundinnen sein könnten. Aber ich werde deinetwegen das Singen nicht aufgeben. Wenn du nicht verstehst, dass ich das tun will, dann bist du nie meine Freundin gewesen."

● **Wie ging es Cora vor der Generalprobe?**

● **Josephine beachtete Cora nicht mehr, weil diese angeblich keine Zeit mehr für sie hatte. Glaubst du, das war der einzige Grund, oder hat Josephine vielleicht noch ein anderes Problem?**

● **Wird der Mut von Cora belohnt werden und die beiden werden wieder Freundinnen? Was glaubst du?**

Ich bin nicht du!

„**U**nd pass auf, wenn du über die Straße gehst."

„Ja, Mama." Tabeas Stimme klang ziemlich genervt. Tu dies nicht, tu das nicht, pass auf, gib acht! Ihr Leben bestand vor allem aus Verboten und Vorschriften.

Tabea verstand ja, warum Mama so ängstlich war. Sie war vor einigen Jahren abends kurz nach sechs Uhr überfallen worden. Es war nichts Schlimmes passiert, dennoch hatte Mama seither wahnsinnige Angst, vor allem abends. Während ihre Freundinnen schon mal am späten Nachmittag ins Kino durften, musste Tabea spätestens um sechs Uhr zu Hause sein.

„Tschüss, Mama, ich geh jetzt", sagte Tabea.

„Hast du deine Pfeife dabei?", wollte ihre Mutter wissen.

Tabea verdrehte die Augen, zog aber gehorsam das Band mit ihrer Pfeife unter dem Pulli hervor.

„Du weißt, wenn einer was von dir will …"

„… dann pfeife ich, so laut ich kann", ergänzte Tabea.

„Ich weiß, Mama. Kann ich jetzt gehen?"

„Du weißt nicht, wie böse Menschen sein können", sagte ihre Mutter traurig, weil Tabea so pampig geklungen hatte.

Doch, ich weiß es, dachte Tabea. *Du sagst es mir mehrmals täglich.*

„Tschüss, Mama, bis später", sagte sie laut und lief die Treppe hinunter. Sie wusste, dass ihre Mutter ihr nachschaute, bis sie um die Ecke verschwunden war. Doch kaum war sie in die Akazienstraße eingebogen, blieb Tabea stehen, nahm die lächerliche Pfeife ab und stopfte sie achtlos in den Rucksack. Sie brauchte sie nicht. Tabea verbrachte einen lustigen Nachmittag mit ihrer Freundin Krissi und vergaß darüber die Zeit. Als Tabea zum ersten Mal auf die Uhr schaute, war es bereits zehn vor sechs.

„Au weia", sagte sie und raffte ihre Sachen zusammen.

„Ich muss los, Mama kriegt sonst die Panik."

„Es ist noch mindestens vier Stunden hell", sagte Krissi.

„Was soll da denn schon passieren?"

Tabea zuckte mit den Achseln. „Sie hat nun mal Angst um mich", verteidigte sie ihre Mutter eher halbherzig.

„Aber das ist doch nicht normal", gab Krissi zurück.

„Sag doch mal was."

„Das ist nicht so einfach", erwiderte Tabea.

Dem stimmte Krissi zu. „Klar, einfach ist es nicht. Aber sie macht doch sich und dich vollkommen verrückt damit." Tabea musste ihrer Freundin Recht geben. Auch sie hatte schon begonnen, in allem nur noch das Negative zu sehen. Dabei war sie eigentlich ein fröhlicher Mensch.

„Okay, ich red mit ihr." Sie warf einen Blick auf Krissis Armbanduhr. „Wird ja eh Theater geben", murmelte sie. Tatsächlich stand ihre Mutter am Fenster, als sie um die Ecke bog. Tabea hatte ein schlechtes Gewissen, denn sie wusste, dass Mama gelitten hatte.

„Wo warst du denn?", hörte sie zur Begrüßung. Mamas Augen waren gerötet. „Ich hab mir solche Sorgen gemacht."

„Mama, hör doch endlich auf damit", gab Tabea zurück.
„Es nervt." „Das sagst du nicht mehr, wenn etwas passiert ist",
sagte ihre Mutter leise und vorwurfsvoll. Tabea atmete tief durch
und sagte: „Mama, so geht das nicht weiter. Ich bin nicht du.
Ich weiß, du hattest diesen Überfall und du hast seither Angst.
Aber man kann sich doch nicht daheim verstecken, weil draußen
vielleicht etwas passieren könnte. Du verpasst so vieles."
„Lieber bleibe ich zu Hause, als dass ich es noch einmal riskiere,
überfallen zu werden", antwortete ihre Mutter mit zittriger Stimme.
Tabea war jetzt echt genervt. Das war Mamas übliche Tour,
um jede Diskussion im Keim zu ersticken. „Mama, ich bin elf,
ich kann auf mich selbst aufpassen. Wir leben in einer ruhigen
Wohngegend, wo nie etwas passiert. Ich bin immer mit jemandem
zusammen. Hör endlich auf, dir ständig Sorgen um mich zu
machen. Das hat mich schon richtig angesteckt und ich bin längst
nicht mehr so fröhlich wie früher." Sie machte eine kurze Pause,
fügte dann bestimmt hinzu: „Ich will nicht mein Leben lang Angst
haben vor etwas, was vielleicht passieren könnte."

➲ **Was muss Tabea immer dabei haben, damit sie
nicht überfallen wird?**

➲ **Glaubst du, dass Tabeas Mutter die Argumente
ihrer Tochter annimmt, und sich von nun an
weniger Sorgen macht?**

➲ **Musstest du auch schon einmal darunter leiden,
dass jemand anderes Angst hatte und dich damit
zu sehr eingeengt hat? Erzähle davon.**

Die Mutprobe

Endlich ging sein größter Wunsch in Erfüllung: Rico fragte Bastian auf dem Nachhauseweg von der Schule, ob er Mitglied in seiner Bande werden wollte. Natürlich zögerte Bastian keine Sekunde lang und sagte ja.

„Dir ist klar, dass du eine Mutprobe bestehen musst", sagte Rico. Die anderen grinsten wissend. „Ja, klar", meinte Bastian, jetzt doch leicht verunsichert. Davon hatte ihm bisher keiner etwas gesagt. „Was muss ich tun?" „Sei morgen Abend um sieben am Bahnhof, den Rest erklären wir dir dann", gab Rico zurück. „Okay." Bastian schaute Rico und den anderen Bandenmitgliedern nach. Das gefiel ihm ganz und gar nicht. Nicht, dass er Angst hatte. Aber warum wollten sie jetzt plötzlich eine Mutprobe? Den ganzen nächsten Tag hatte Bastian ein mulmiges Gefühl im Bauch. Er versuchte, sich vorzustellen, was Rico von ihm verlangen könnte.

Am Bahnhof gab es verschiedene Möglichkeiten: Man musste
einem Fahrgast einen Koffer wegnehmen, ohne, dass dieser es
merkte. Oder man klaute dem gehbehinderten Verkäufer am
Brezelstand eine Brezel. Aber sehr mutig fand Bastian das nicht,
denn der alte Mann konnte nicht rennen.

Egal, was ihm einfiel – er fand es entweder blöd oder nicht
durchführbar.

Pünktlich um sieben fand Bastian sich dann am Bahnhof ein.
Die anderen waren bereits da, nur Rico fehlte noch.

„Na, bist du schon aufgeregt?", wollte Kai wissen.

„Ach was", erwiderte Bastian locker, obwohl ihm das Herz bis zum
Hals schlug. Er würde sich keine Angst anmerken lassen.

Rico kam mit halbstündiger Verspätung. „Sorry, Leute,
aber ich wurde aufgehalten." Er wandte sich an Bastian.
„Kann es losgehen?"

„Klar", sagte dieser. „Was soll ich tun?" Er gab sich besonders
lässig, denn er war sicher, dass Rico nur zu spät gekommen war,
um ihn zu testen. Wenn er jetzt schon nervös geworden wäre,
wäre er womöglich schon vor der Mutprobe durchgefallen.

„Wir gehen surfen", sagte Rico und grinste vielsagend.

„Surfen?", fragte Bastian ungläubig. Hier war doch weit und breit
kein Wasser, außerdem war es bereits Herbst, es wurde bald
dunkel.

„Wart's ab", gab Rico zurück und ging voraus. Sie liefen zu einem
Seiteneingang des Bahnhofs, durchquerten das Gebäude und
rannten die Rolltreppe hinunter zur S-Bahn.

Fahren wir raus zum See?, wunderte Bastian sich. Auf dem
Bahnsteig roch es nach verbranntem Gummi, nach Schweiß
und Essen. Bastian warf einen Blick auf die Anzeigetafel.
Die S6 zum See würde in vier Minuten kommen.

„Und jetzt?", fragte er Rico.

„Jetzt warten wir, bis die nächste S-Bahn kommt. Dann springst
du auf und fährst mit. Außen!" Er schaute Bastian aufmerksam an.

Bastian war im ersten Moment sprachlos. Plötzlich kapierte er,
was Rico von ihm verlangte: Er sollte auf einer S-Bahn surfen.

„Du spinnst!", stieß er hervor. „Das ist Selbstmord! Wollt ihr mich etwa loswerden?" Erst vor drei Wochen hatte sein Vater ihm aus der Zeitung vorgelesen: Zwei Jugendliche waren auf eine S-Bahn aufgesprungen, beide wurden schwer verletzt. Bastian schluckte. Eine blecherne Stimme kündigte die nächste S-Bahn an.

„Was ist?", fragte Rico. „Kneifst du etwa?"

Bastian starrte ihn an. Wollte er wirklich Mitglied in dieser Bande sein?

„Vergiss es", sagte er ruhig. „Ich mach das nicht. Ist mir egal, ob ihr mich feige nennt oder Angsthase oder sonst was. Ich setze doch nicht mein Leben für euch aufs Spiel!"

„Gut", sagte Rico und schlug ihm auf die Schulter. „Du hast die Prüfung bestanden. Wir wollen nämlich keine hirnlosen Typen, die alles machen, was man von ihnen verlangt."

Bastian wusste im ersten Moment nicht, was los war, doch dann kapierte er schnell. „Du meinst, das war nur ein Test?", sagte er und lachte erleichtert.

„Klar", sagte Rico und schlug ihm anerkennend auf die Schulter. „Wir nehmen doch nicht jeden!"

● **Was hat Bastians Vater ihm aus der Zeitung vorgelesen?**

● **Was hältst du von dem trickreichen Test von Rico? War das fair gegenüber Bastian?**

● **Hat schon mal jemand von dir verlangt, etwas total Blödsinniges oder Gefährliches zu tun? Wie hast du dich verhalten?**

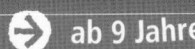

Kleiner Mann ganz groß

Finn hasste es, klein und schmächtig zu sein. Keiner nahm ihn ernst, keiner beachtete ihn, keiner wählte ihn in sein Sportteam.

Doch dann kam Kai und sagte: „Wenn du tust, was ich dir sage, beschütze ich dich und keiner tut dir mehr was. Außerdem gehörst du zu meiner Gang."

Finn wollte es erst gar nicht glauben, doch Kai meinte es ernst. Klar, als Kleinster musste er die ganzen doofen Aufgaben erfüllen, aber am Ende staunten viele über ihn und lobten ihn, denn Kai sagte immer: „Seht euch Finn an: So klein und doch so mutig!"

Manche Sachen, die er für Kai erledigen musste, fand Finn auch richtig witzig. Als die Mädchen laut kreischten, weil er ihnen tote Insekten zwischen die Sportsachen legte, hatte er richtig Spaß dabei. Mädchen waren sowieso doof.

Doch dann begann Kai mehr zu fordern. Finn sollte andere Kinder abziehen, ihnen das Taschengeld oder neue Klamotten wegnehmen. Und wenn sie nicht folgten, sollte er ihnen mit Prügel von Kai drohen. Finn fand das eigentlich nicht gut. Streiche, ja, das war lustig und es richtete keinen allzu großen Schaden an. Aber so was? Nein, da wollte er nicht mitmachen.

Lukas, neuestes Mitglied in der Bande, hatte nur ein verächtliches Grinsen für ihn übrig. „Boah, Finny! Du bist so ein kleiner Waschlappen", sagte er zu Finn und spuckte ihm vor die Füße.

Finn kämpfte mit sich. Seit er Mitglied in Kais Bande war, wurde er respektiert. Keiner wagte es mehr, ihn auszulachen, und er wurde sogar regelmäßig ins Fußballteam gewählt. Es war ein verdammt gutes Gefühl.

Als Kai ihn beauftragte, Carlo zu beobachten, nahm er den Job dankbar an.

Carlo war ein furchtbarer Angeber. Eigentlich hieß er Karl, aber er fand den Namen sowas von uncool, dass er sich Carlo nannte. Seine Eltern waren stinkreich und Carlo trug immer schicke, teure Klamotten.

Vier Wochen später kannte Finn Carlos Tagesplan auswendig. Montag Tennis, Dienstag Klavierunterricht, Mittwoch Hockey, Donnerstag frei, Freitag Reiten. Zum Glück war der Ort klein und der Geländewagen von Carlos Mutter so auffällig, dass Finn sie immer wieder fand, auch wenn er sie beim Hinterherradeln verloren hatte.

Carlos Tagesablauf war strikt durchorganisiert, und Finn bekam beinahe Mitleid mit ihm. Aber nur beinahe.

Finn berichtete seine Beobachtungen an Kai und dieser erläuterte den Plan: Lukas und Finn sollten Carlo unter einem Vorwand in ein abbruchreifes Haus locken. Dort würden sie ihn im Keller festhalten, bis die Eltern ein Lösegeld gezahlt hatten.

Finn war überhaupt nicht einverstanden mit dem Plan. Doch er wagte es nicht, etwas dagegen zu sagen. Bereits morgen sollten sie den Plan durchführen, und Finn verbrachte eine schlaflose Nacht. Er wälzte sich in seinem Bett hin und her und schwitzte.

Er musste bestimmt zehn Mal aufs Klo und hatte permanent
Durst. Am nächsten Morgen fühlte er sich furchtbar. Seine Mutter
schaute ihn beunruhigt an und fragte: „Wirst du krank?"
Finn schüttelte stumm den Kopf. Er hatte Angst, dass er etwas
von dem Plan verraten würde, wenn er den Mund aufmachte.
Er nahm seine Schulsachen und machte sich auf den Weg.
Doch je näher er kam, desto schwerer wurden seine Schritte.
Finn wusste genau, es war nicht richtig, was sie vorhatten.
Das war kein harmloser Streich mehr, das war ein Verbrechen –
wenn auch kein besonders gut durchdachtes. Was sollten sie mit
Carlo tun, nachdem sie das Lösegeld hätten? Egal! Bei einem
Verbrechen wollte Finn nicht mitmachen. Aber er hatte Angst
davor, was Kai mit ihm anstellen würde, wenn er den Plan
verraten würde. In Sichtweite der Schule blieb Finn stehen. Er
wusste, Carlo würde bald kommen. Wenn das Auto seiner Mutter
um die Ecke bog, war es zu spät. Finn atmete tief durch, wandte
sich um und rannte in die Straße hinein, aus der Carlo kommen
musste. Er würde ihn warnen. Kai würde es ihn büßen lassen,
aber das war ihm jetzt egal. Finn wollte kein Verbrechen begehen,
und das war ihm wichtiger als alles andere.

⊃ **Warum hat Finn beinahe Mitleid mit Carlo?**

⊃ **Was könnte passieren, wenn Kai herausbekommt,
dass Finn Carlo gewarnt hat? Wie wird die
Geschichte weitergehen?**

⊃ **Hast du auch schon einmal miterlebt, dass
Freunde oder Mitschüler etwas Schlimmes geplant
haben? Wie hast du dich verhalten?**

Deine Freunde oder ich?

„Sehen wir uns später noch?", wollte Karen nach Schulschluss wissen und nahm Ingos Hand. Sie stand ganz nah bei ihm. „Ja, klar", erwiderte er. „Sobald ich bei Oma fertig bin, komme ich bei dir vorbei."

Karen wollte ihn zum Abschied umarmen, da sah Ingo über ihre Schulter seine Freunde Kalle und Cem kommen. Wenn die ihn mit einem Mädchen sahen! Schnell ließ er ihre Hand los und schob Karen von sich.

„Hi Leute", sagte er nervös und schielte zu Karen, die ihn entsetzt anstarrte. „Ich ruf dich dann später wegen Mathe an, ja?", sagte Ingo zu ihr und wandte sich schnell ab.

„Du bist so ein Idiot", zischte Karen hinter seinem Rücken.

„Will die was von dir?", fragte Cem. „Wer? Karen?" Ingo drehte sich um und seufzte erleichtert. Karen war bereits gegangen.

95

Uff, das war ja noch mal gut gegangen. Er machte eine lässige Handbewegung. „Nö, wir sind nur in derselben Klasse. Aber ich muss los, für meine Oma einkaufen."

Während er den Einkaufswagen durch den Supermarkt schob, dachte Ingo an Karen. Jetzt hatte er doch ein schlechtes Gewissen, weil er sich so mies benommen hatte. Aber er konnte es absolut nicht leiden, wenn seine Freunde ihn dauernd aufzogen. Sie fanden Mädchen nämlich ziemlich doof!

Karen war aber ganz anders. Ingo hatte eigentlich nur jemanden gesucht, der ihm beim Bau der Bühnendekoration für das neue Theaterstück helfen könnte. Dass sich ausgerechnet Karen melden würde, damit hatte er nicht gerechnet. Aber sie war nicht nur unglaublich geschickt, sie hatte auch tolle Ideen.

Es hatte ein paar Wochen gedauert, bis Ingo sich eingestand, dass er tatsächlich in Karen verknallt war. Und dass sie offensichtlich genauso empfand, merkte er, als sie im Kino saßen, sich ihre Hände wie zufällig berührten und sie seine dann auch nicht mehr losließ. Ingo war klar, dass er sich bei Karen entschuldigen musste. Als er mit den Einkäufen fertig war, rannte er drei Straßen weiter und klingelte bei ihr. Karen öffnete die Tür und schaute ihn feindselig an. „Was willst du?"

„Ich …", begann Ingo. Puh, das war verdammt schwer.

„Ich dachte, du magst mich", brach es da aus Karen heraus. „Aber was du da vorhin abgezogen hast, war voll daneben!"

Mit einem lauten Knall schlug sie die Tür zu. „Ich mag dich", sagte Ingo leise zu der Tür. „Ich mag dich sogar sehr." Er klingelte noch ein paar Mal, aber Karen machte nicht mehr auf. Eigentlich hätte es jetzt für Ingo ohne Karen wieder einfacher werden sollen, denn er musste vor seinen Freunden nicht mehr Verstecken spielen. Aber er vermisste die gemeinsame Zeit mit ihr. Ingo erkannte, dass er einen großen Fehler begangen hatte. Um nicht ausgelacht zu werden, hatte er seine Freundschaft zu Karen aufs Spiel gesetzt. Da sie nicht mehr ans Telefon ging, wartete er am nächsten Tag nach der Schule auf sie. „Es tut mir leid", sagte er, als sie achtlos an ihm vorübergehen wollte. „Ich weiß, ich war ein großer Idiot.

Ich will es besser machen." Ingo hielt die Luft an, als Karen stehen blieb. „Gibst du mir noch eine Chance?", fragte er leise. Jetzt drehte Karen sich um. Aber ihre Miene war immer noch düster. „Und was, wenn uns deine Freunde wieder sehen?", fragte sie. „Dann sag ich, was Sache ist", erwiderte Ingo. „Ehrlich."
Er zögerte etwas, fügte dann leiser hinzu: „Ich vermisse dich."
Das schien Karen endlich zu erweichen. Sie lächelte ihn an und kam näher. Ingos Herz schlug wie wild, als sie ihm einen Kuss auf die Wange hauchte. „Dann kannst du gleich mal beweisen, ob du es ernst meinst", sagte Karen plötzlich und deutete nach vorn. Kalle und Cem kamen breit grinsend auf sie zu.
„Stehst du jetzt unter ihrem Pantoffel?", wollte Cem Ingo provozieren. Ingo nahm demonstrativ Karens Hand und sagte: „Karen ist meine Freundin." Kalle und Cem verkniffen sich nur mit Mühe ein Grinsen, das konnte Ingo sehen. „Es ist mir egal, was ihr davon haltet. Karen ist klasse und ich mag sie", sagte er und zog sie an sich. Seine Freunde runzelten die Stirn. „Na, du musst es ja wissen", murmelte Cem. Ingo musste lächeln. *Die wären froh, wenn sie einen Kuss von einem Mädchen bekommen würden,* dachte er.

- ➔ Warum hatte Ingo Angst, seinen Freunden von der Freundschaft zu Karen zu erzählen?

- ➔ Warum ärgern Cem und Kalle ihren Freund Ingo, nur weil er sich mit einem Mädchen trifft?

- ➔ Warst du schon einmal in der Situation, dass du aus Angst vor blödem Gerede jemanden verleugnet hast? Oder ist dir selbst schon einmal so etwas passiert? Erzähle davon.

Literaturtipps

Angelika Bartram, Jan-Uwe Rogge:
Kleine Helden, großer Mut.
Rowohlt Tb., 2007.
ISBN 978-3-4992-1338-0

Nancy Lee Cecil:
Mit guten Fragen lernt man besser.
Die besten Fragetechniken für den Unterricht.
Verlag an der Ruhr, 2008.
ISBN 978-3-8346-0382-1

Andrea Christiansen:
Mut und Stärke durch Fantasiereisen.
Urania Verlag, 2008.
ISBN 978-3-7831-6136-6

Jean Feldman:
155 Rituale und Phasenübergänge für einen
strukturierten Grundschulalltag.
Verlag an der Ruhr, 2009.
ISBN 978-3-8346-0480-4

Astrid Hille, Dina Schäfer:
Mächtig mutig: Das Angst-weg-Buch.
Verlber im Oz, 2007.
ISBN 978-3-8661-3285-6

Kerstin Klein:
KlassenlehrerIn sein. Das Handbuch. Strategien, Tipps, Praxishilfen.
Verlag an der Ruhr, 2006.
ISBN 978-3-8346-0154-4

Bettina Mähler, Jan-Uwe Rogge:
Lauter starke Jungen. Ein Buch für Eltern.
Rowohlt Tb., 2003.
ISBN 978-3-4996-1539-9

Rosemarie Portmann:
Die 50 besten Spiele fürs Selbstbewusstsein.
Don Bosco, 2008.
ISBN 978-3-7698-1532-0

Dianne Schilling:
Soziales Lernen in der Grundschule.
50 Übungen, Aktivitäten und Spiele.
Verlag an der Ruhr, 2000.
ISBN 978-3-86072-489-7

Internettipp

www.familienhandbuch.de/ cmain/a_Hauptseite.html
Hier finden Sie viele Informationen zu entwicklungspsychologischen
Themen. Folgen Sie den Links: Erziehungsbereiche → Selbstbewusstsein

■ Ohne Arbeitsblatt geht's auch!
Praktische Alternativen zum Arbeitsblatt
Karen Bauer, Rosa Drew
Kl. 1–4, 99 S., A4, Paperback
ISBN 978-3-8346-0419-4
Best.-Nr. 60419
19,80 € (D)/20,35 € (A)/34,70 CHF

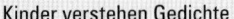

Kinder verstehen Gedichte
**■ Frühlings- und Sommer-
gedichte**
Birgit Brandenburg
Kl. 2–4, 79 S., A4, Papphefter
ISBN 978-3-8346-0265-7
Best.-Nr. 60265
19,50 € (D)/20,– € (A)/34,20 CHF

Kinder verstehen Gedichte
**■ Herbst- und Winter-
gedichte**
Birgit Brandenburg
Kl. 2–4, 78 S., A4, Papphefter
ISBN 978-3-8346-0264-0
Best.-Nr. 60264
19,50 € (D)/20,– € (A)/34,20 CHF

**■ Das große Wortarten-
Poster**
mit Kopiervorlagen
Ulrich Hecker, Henny Küppers,
Trudi Schutte
Kl. 2–4, A0 Poster inkl. 16 S.
Begleitheft A4, in Aufbewahrungstasche
ISBN 978-3-8346-0368-5
Best.-Nr. 60368
13,50 € (D)/13,90 € (A)/24,30 CHF

Lernmaterial • Praxishilfen • Anregungen

Ausschneiden und Gestalten für Kinder
■ Vorlagen für Geburtstagskalender
Susanne Schaadt
0–10 J., 41 S., A4, Paperback (mit vierf. Abb.),
mit vierfarbiger Bildergalerie
ISBN 978-3-8346-0360-9
Best.-Nr. 60360
14,– € (D)/14,40 € (A)/24,90 CHF

3-Minuten-Geschichten für
den Morgenkreis
■ 24 Adventsgeschichten
Luisa Hartmann
5–10 J., 79 S., 16 x 23 cm, Paperback
ISBN 978-3-8346-0300-5
Best.-Nr. 60300
12,80 € (D)/13,15 € (A)/23,– CHF

3-Minuten-Geschichten für
den Morgenkreis
■ 30 Geschichten für Geburtstagskinder
Luisa Hartmann
5–10 J., 98 S., 16 x 23 cm, Paperback
ISBN 978-3-846-0369-2
Best.-Nr. 60369
12,80 € (D)/13,15 € (A)/23,– CHF

3-Minuten-Geschichten für
den Morgenkreis
■ 30 Streitgeschichten
Luisa Hartmann
5–10 J., 96 S., 16 x 23 cm, Paperback
ISBN 978-3-8346-0421-7
Best.-Nr. 60421
12,80 € (D)/13,15 € (A)/23,– CHF

Lesen • Rituale • Frühförderung